Behind the Laughter

„Die Simpsons" im Kontext der amerikanischen Populärkultur

von

Michael Czogalla

Tectum Verlag
Marburg 2004

Czogalla, Michael:
Behind the Laughter.
„Die Simpsons" im Kontext der amerikanischen Populärkultur.
/ von Michael Czogalla
- Marburg : Tectum Verlag, 2004
ISBN 978-3-8288-8737-4

© Tectum Verlag

Tectum Verlag
Marburg 2004

Meinen Eltern

Juliane und Bernhard Czogalla

INHALT

1 EINLEITUNG 5

2 ANIMATION 11

2.1 GESCHICHTLICHER UMRISS DES ANIMIERTEN FILMS 13
2.2 ANIMATIONSFERNSEHEN ZUR HAUPTSENDEZEIT 22

3 POPULÄRKULTUR 29

3.1 DIE POPULÄRE SEITE DER KULTUR 29
3.2 SITUATIONSKOMÖDIE 38

4 SIMPSOGRAPHIE 41

4.1 DER VISUELLE GENIESTREICH EINES COMICZEICHNERS 41
4.2 DIE ATTRIBUTE DER WICHTIGSTEN CHARAKTERE 47

5 SIMPSOMANIE – KONTROVERSEN DER GESELLSCHAFT 53

5.1 DAS FAMILIÄRE SPRINGFIELD 54
    5.1.1 Das amerikanische Bild der Familie 54
    5.1.2 Das amerikanische Bild der Familie à la Simpsons 62
5.2 DAS RELIGIÖSE SPRINGFIELD 71
    5.2.1 Den heiligen Schein wahren 78
    5.2.2 Springfield, eine spirituale Landkarte 100

6 FAZIT UND SCHLUSS 119

7 ANHANG – LISTE DER WICHTIGSTEN CHARAKTERE 123

8 BIBLIOGRAPHIE 127

1 EINLEITUNG

> *In this time of drug use, teen pregnancy, lowered educational achievement and broken homes, we should be encouraging love, caring and educational growth. No, my family is not like the Simpsons, thank God.*
>
> Sydney Fulbright, 2002[1]

Konservative Normen, religiöse Werte und das Wunschdenken eines idealen Gesellschaftsbildes nehmen seit Jahren eine zentrale Stellung in der amerikanischen Öffentlichkeit ein. Viele Verbände, Kirchen und Vereine suggerieren moralische Tugenden, wobei sie durch die Politik und vor Allem durch die Massenmedien unterstützt werden. Seit Jahrzehnten wird dem als ‚nichts ahnend' angenommenen Zuschauer ein Heile-Welt-Vorabendprogramm geboten, das die immergleichen konservativen Ansichten des amerikanischen Familienlebens nachzeichnet, um nicht zu sagen vorgibt. Die Politik steht dem in nichts nach. Hat doch George H. Bush, der Vater des unlängst wiedergeborenen Christen und amtierenden Präsidenten George W. Bush, in einer 1992 gehaltenen Rede die Amerikaner dazu aufgerufen, sich mehr an den *Waltons*[2] zu orientieren und weniger an den *Simpsons*. Der damalige Präsident unterstrich damit den in den 90er Jahren von der amerikanischen Politik wieder belebten Diskurs um die traditionellen Werte der Familie.

> When politicians and policy-makers describe the 'traditional' family, their descriptions are invariably a pastiche composed of characteristics from a number of different domestic sitcoms. [...] First, the traditional family includes a male dad, a female mom, and, ideally, a son and daughter. They are white, middle class and live in the suburbs rather than the city or country. African-Americans, immigrants of all ethnicities and races, and gay men and lesbians mainly do not exist within this vision. The father is the 'breadwinner' (a word that did not exist before the latter part of the nineteenth century), the mom stays home, the

---

[1] So zitiert in: Gruteser, Michael: *Family Ties*, In: Gruteser, Michael u. A.: *Subversion zur Prime-Time*, a. a. O., S. 66.
[2] Die *Waltons* stehen für ein auch in seinem Sinne ideales Bild der traditionellen amerikanischen Familie.

sons are strong, and the daughters are good. Within this kinship arrangement, the sexual division of labor is absolute, women's unpaid labor is taken for granted, and paternal authoritarianism guarantees the reproduction of strong 'moral' values.[3]

Domestic Sitcoms, die in einer häuslichen und familiären Umgebung angesiedelten Situationskomödien[4], die speziell der Familienunterhaltung dienen, stellen nicht selten den Idealfall der traditionellen Familie dar. Da gibt es keine Krisen, keinen Hunger, keine Unzufriedenheit. Das gepachtete Glück hielt sich jahrzehntelang auf den Bildschirmen und konnte erst mit Sendungen, wie *Roseanne*[5], auf ein höheres, realistischeres Niveau gebracht werden. Hier wurden unterschiedliche Seiten des amerikanischen Familienlebens thematisiert, wie z.B. Arbeitslosigkeit, Tod oder auch Abtreibung.

Als Matt Groening es Ende der 80er Jahre geschafft hatte, die gelbe Kleinstadtfamilie ins Abendprogramm zu katapultieren, also in die Hauptsendezeit, hielt erstmals nach 29 Jahren –die 1966 nach 6 Jahren abgesetzten *Flintstones* waren das letzte wirklich erfolgreiche zur Hauptsendezeit ausgestrahlte Animationsformat– erneut eine animierte Serie Einzug in abendliche amerikanische Wohnzimmer. Mittlerweile eine der erfolgreichsten und am längsten laufenden Serien schaffen es die *Simpsons*, mit jeder Staffel[6] ihr sich durch alle Altersklassen ziehendes Publikum in den Bann zu zie-

---

[3] Stabile, Carol A., Mark Harrison (Hrsg.): *Prime Time Animation – Television animation and American Culture*, Routledge, London und New York 2003, S. 7.

[4] *Situationskomödien*, engl. *Situation Comedies*, werden im Englischen umgangssprachlich *Sitcoms* genannt, was sich mittlerweile als Anglizismus auch in Deutschland, verstärkt durch die Medien durchgesetzt hat. Unterschiedliche Literatur, u.a. *Prime Time Animation* von C. Stabile und M. Harrison bezeichnen Familiensitcoms auch als *domestic sitcoms*.

[5] *The Roseanne Barr Show* hatte 1988 Premiere und wurde schnell zu einer gefeierten Erfolgsserie, die bis 1997 ausgestrahlt wurde. Sie nahm sich dem Thema Arbeiterklasse an, die mit real existierenden Familienproblemen einen Nerv in der Gesellschaft traf. Die Serie wird gemeinhin als klassische Sitcom bezeichnet.

[6] Eine Staffel beginnt immer im Herbst, d.h. September oder Oktober, und endet im Frühsommer, bzw. im Sommer, d.h. Mai bis August. Es lässt sich nicht genau festlegen, da alle Staffeln zu unterschiedlichen Zeiten begonnen haben und unterschiedlich lang waren.

hen. Gleichzeitig will der Sturm der Entrüstung auf allen gesellschaftlichen Ebenen nicht verebben, wie schon das einleitende Zitat verdeutlicht. Sydney Fulbright, Professor am College of Education der University of Arkansas, reiht sich in die große Gruppe derer, die der Serie eher kritisch gegenüberstehen: "I hope 'The Cosby Show' runs this social blight off the television"[7] sagte er Anfang der 90er. Die *Simpsons* und Millionen unerschrockener Fans lehrten Fulbright eines Besseren, denn die *Cosby Show* wurde wegen sinkender Einschaltquoten noch im gleichen Jahr abgesetzt. Sie war bis zum Erscheinen der *Simpsons* die am erfolgreichsten laufende Familiensitcom.

Gerade weil die *Simpsons* sich nicht scheuen, über jedes noch so unwahrscheinliche gesellschaftliche wie kulturpolitische und mediale Thema auf ihre ganz eigene Art zu sinnieren, ist es durch aufmerksames Aufnehmen der Informationen aller 300 & x Folgen[8] möglich, den populärkulturellen Stellenwert der Serie zu ergründen. Der Verarbeitung und der geschichtlichen Aufarbeitung der amerikanischen Populärkultur in den *Simpsons*, aber auch ihrem animierten Darstellungsformat widme ich mich ausführlicher in den anschließenden Kapiteln.

Es gibt einige wissenschaftliche Arbeiten, die sich mit unterschiedlichen Aspekten der Serie beschäftigen. Viele Artikel und Essays beziehen sich auf gesellschaftspolitische und vor Allem gesellschaftskritische Blickwinkel, aber auch auf religiöse Sichtweisen, die oft, aber durchaus nicht immer, versuchen, dieser seit fast 14 Jahren erfolgreichen Fernsehfamilie ein negatives Konnotat aufzuerlegen. Es seien anarchische Ansätze (Bart) zu erkennen, ganz zu schweigen von Blasphemie und asozialem Verhalten (Homer). Bedient würden dabei auch sämtliche Todsünden, die die Moralapostel der Gesellschaft in zahlreichen Artikeln beanstanden. Die *Simpsons*

---

[7] So zitiert in: Gruteser, Michael: *Subversion zur Prime-Time*, a. a. O., S. 66.
[8] Hier kann ich nur den Stand 300x angeben. In den USA wird im Januar 2004 die 321. Folge erstmals ausgestrahlt. Dort läuft seit Oktober 2003 die 15. Staffel, die Deutschland erst im nächsten Jahr erreichen wird. Auf dem deutschen Privatsender *Pro 7* werden derzeit die 13. und 14. Staffel, aber auch Folgen älterer Staffeln gezeigt.

waren und sind Zankapfel der Gemüter, weil sie sich nicht den gesellschaftlichen Scheinidyllen anbiedern, sondern vieles unverblümt thematisieren bzw. in Frage stellen. Religiöse und familiäre Aspekte der Serie sollen auf ihre Rolle in der Serie sowie hinsichtlich ihrer Perzeption in der Gesellschaft untersucht werden.

Groening stellt von Beginn an klar, dass er, allen Traditionalisten zum Trotz, einer Arbeiterklassen-Durchschnitts-Familie das Leben gibt, welches die Mehrheit der Amerikaner mit ihnen teilt. Damit provoziert er eine nicht abreißende Projektionsfläche für gesellschaftskritische Diskussionen, die seit geraumer Zeit auch akademischen Standard erreicht haben. Obwohl es kaum wissenschaftliche Bücher gibt, die sich exklusiv dem Thema *Simpsons* annehmen, in Deutschland und den USA sind genau 3 Bücher[9] auf dem Markt, reißt das akademische wie mediale Interesse nicht ab. Eine Handvoll Bücher, die sich dem Thema meist aus medienwissenschaftlicher Sicht nähern, widmen der Familie aus Springfield ein Kapitel oder einen Abschnitt. Zahlreiche Artikel, u.a. aus dem *Journal of Popular Culture,* der *New York Times* oder dem *Journal of Media & Religion*, aber auch wissenschaftliche Essays, wie sie in verschiedenen Journalen publiziert wurden, liegen dieser Arbeit zu Grunde und stehen beispielhaft für das anhaltende und wachsende akademische Interesse an einem Kulturphänomen, wie es populärer kaum sein könnte.

Auch wenn die meisten kulturellen, gesellschaftlichen und religiösen Anspielungen im amerikanischen Kontext stehen, können doch viele Ambivalenzen und Ironien bzw. Sarkasmen auch auf viele westliche Gesellschaftssysteme bezogen werden, was die ungemeine Popularität der Serie erst begreiflich macht. „Kinder lieben die lustigen gelben Figuren, Teenies den respektlos-rebellischen Gestus von Underachiever Bart, und für alle anderen ist das post-

---

[9] Dies sind: *Subversion zur Prime Time – Die Simpsons und die Mythen der Gesellschaft* von Michael Gruteser, Thomas Klein und Andreas Rauscher; *The Simpsons and Philosophy – The D'oh of Homer* von William Irwin; *The Gospel According to The Simpsons* von Mark I. Pinsky.

moderne Zeichenspiel intelligente Unterhaltung, [...]."[10] So ist es nicht unverständlich, dass argentinische, französische oder japanische Kinder, und die Liste könnte noch sehr viel länger sein, tatsächlich davon überzeugt sind, dass diese gelben Helden in ihrem Land entwickelt und gezeichnet wurden. Dies ist eines der Phänomene, die Groening mit seinen „verschachtelten, versteckten und sprunghaften Gags und Anspielungen"[11] geschaffen hat. Die Serie funktioniert oftmals in unterschiedlichen kulturellen Kontexten, wobei die Rezipienten verschiedener Nationen genau den gleichen Bezug aufbauen können, wie vielleicht amerikanische Zuschauer. Am Ende zählen Verständnis und Unterhaltung.

Nachdem die *Simpsons* das Animations-Genre wieder in die Hauptsendezeit (*Prime Time Animation*[12]) gehievt hatten, kam es zu einem regelrechten Boom von neuen und teilweise kreativen Animationsserien. Mediengiganten CBS, ABC und NBC u.a. versuchten es FOX gleichzutun und investierten in Animationsserien im Sitcom Format. Einige, wie z.B. MTV's *Daria*, 1997-2002, schafften es, sich in der Hauptsendezeit zu halten, andere, wie z.b. CBS's *Family Dog*, hielt sich gerade einen Monat, hatten eine eher kurze Laufzeit. Diesen für die Macher der *Simpsons* geradezu fantastischen Umstand verarbeiteten sie in einer Folge der vierten Staffel. In der 1992 produzierten und ausgestrahlten Halloween Episode „Treehouse of Horror III" (Bösartige Spiele)[13] gibt es eine Szene auf einem Friedhof, wobei die kurz eingeblendeten Grabsteine Aufschriften solch abgesetzter Prime Time Animationsserien samt Jahreszahl aufweisen, die keinen Zweifel daran lassen, dass es sich hierbei um ein *Simpsons*ches Statement handelt, eben keine leicht zu imitierende Animationsserie zu sein. Auf den Grabsteinen konnte man u.a.

---

[10] Ernst, Emanuel, Sven Werkmeister: *Little Shop of Homers*, In: Gruteser, Michael u. A.: *Subversion zur Prime-Time*, a. a. O., S. 83.
[11] Gruteser, Michael u. A.: *Subversion zur Prime-Time*, a. a. O., S. 11.
[12] *Prime Time Animation* ist das englische Äquivalent für Animation zur Hauptsendezeit. Es wird hier ebenso synonym verwendet, wie *Cartoon* und *Zeichentrickfilm*.
[13] Vgl.: The *Simpsons*: Episode 64 – *Treehouse of Horror III* 29.10.1992 (Episode 65 *Bösartige Spiele* 12.05.1994).

kurzlebige Prime-Time-Seriennamen finden, wie *Fish Police* (1992) oder *Capitol Critters* (1992).

Während sich die *Flintstones*, entstanden in den 60er Jahren und produziert durch den Sender ABC, ganz auf seichte Kritik der amerikanischen Konsumkultur beschränkten, bedienen sich die *Simpsons*, aber auch *South Park* –seit 1997 auf Comedy Central– oder *King of the Hill* –seit 1997 auf FOX– die durchaus von den *Flintstones* beeinflusst wurden, einer substantielleren Satire des amerikanischen Selbstverständnisses, was insbesondere das gesellschaftliche Leben betrifft. Dabei fungiert das Animationsformat als „vehicle through which to reveal contradiction, hypocrisy, banality and the taboo, which may be read, perhaps ironically, as a return to the fundamental anarchy of early cartoons [...]".[14]

Gerade die Populärkultur findet das wachsende Interesse der Öffentlichkeit, vor Allem weil es sich in diverser Hinsicht selbst eine Öffentlichkeit schafft. Dabei dringt sie in Bereiche ein, die noch vor wenigen Dekaden als privat und geradezu intim empfunden wurden. Das Konstrukt *Massenmedien*, wozu natürlich im Wesentlichen Radio und Fernsehen, aber auch Printmedien gehören, ist in der Lage, der Öffentlichkeit eine Vorbildfunktion zu suggerieren, die zu untersuchen durchaus Berechtigung besteht. Es stellt sich die Frage, inwieweit sich das Individuum durch die Massenmedien überhaupt kontrollieren bzw. beeinflussen lässt. Was steckt *Behind the Laughter*[15] oder beruht der mitunter stechende Sarkasmus nur auf der Suche nach immer neuen überspitzten Lachern?

---

[14] Wells, Paul: *Smarter than the Average Art Form – Animation in the Television Era*, In: Stabile, Carol A., Mark Harrison: *Prime Time Animation*, a. a. O., S. 30.

[15] The *Simpsons*: Episode 248 – *Behind the Laughter* 21.05.2000 (Episode 248 *Hinter den Lachern* 12.02.2001).

2 ANIMATION

Animation is bound to be greatly stimulated by television in the future.

John Halas, 1956[16]

Während der letzten mehr als 100 Jahre hat sich das Konstrukt *Animation* nicht nur verändert und weiterentwickelt, es hat ebenfalls einige Krisen überstanden. Viele Animationsprodukte, seien es animierte Serien, Spiel- oder Kurzfilme, wie die von Hanna-Barbera in den 60er Jahren produzierte „Emmy-award-winning Show"[17] *Die Flintstones* oder Disneys 1994 Oscarprämiertes Afrikaspektakel *König der Löwen*, die Millionen Menschen in ihren Bann gezogen haben, stießen, wie viele andere erfolgreiche Zeichentrickfilme, im letzten Jahrhundert auf ein großes Publikumsinteresse. Das nacheinander stattfindende fotografieren von Zeichnungen oder Objekten, was bei der Projektion des Filmstreifens die Illusion von Bewegung ergibt, ist die Quintessenz des Animationsbegriffs, der dieses Interesse hervorruft. Die Belebung toter Dinge ist es, was den Animationsfilm ausmacht.

Bis in die 20er Jahre hinein wurden animierte Cartoons meist als Pausenfüller gesehen. Solche kurzweiligen Animationen dienten als besondere Attraktion und Erholung zwischen den ‚realen' Filmen. Es wurde allgemein als Fakt angenommen, und dies gilt auch heute noch für eine breite Öffentlichkeit, dass Animation sich an ein junges, kindliches Publikum richtet und somit das intellektuelle und emotionale Fassungsvermögen von Schulkindern nicht überschreitet und somit ein reines Unterhaltungselement darstellt. Natürlich trifft dies tatsächlich für eine Vielzahl von Animationsprodukten zu, die sich oft an unterschiedliche Altersgruppen von Kindern und Jugendlichen wenden. So sprach *George of the Jungle* (lief 1967-1970 auf

---

[16] Regisseur von Animationsfilmen. So zitiert in: Wells, Paul: *Smarter than the Average Art Form – Animation in the Television Era*, In: Stabile, Carol A.; Mark Harrison: *Prime Time Animation*, a. a. O., S. 17.
[17] Gerani, Gary: *Fantastic Television*, Harmony Books, New York 1977, S.174.

ABC)[18] sicherlich ein jüngeres Publikum an, während die animierten Marvel Cartoons, wie *Spiderman* (startete 1967 auf ABC)[19], eher ein jugendlicheres Publikum ansprachen.

Die Verbindung der gezeichneten und animierten Darstellung von Dingen und Lebewesen wird von den Anfängen des Cartoons mit ‚Humor' synonym gesetzt. Selbst die auch an ein erwachsenes Publikum gerichteten Animationsserien, wie *Die Flintstones* in den 60er Jahren oder *Die Simpsons* in den 90er Jahren bis heute, sind nicht vorrangig Objekt der Wertung und Kritik, auch wenn z.b. die *Simpsons* im Laufe ihrer Existenz für Entrüstungsstürme und Kritik gesorgt haben. Dies lässt sich allein an der geringen wissenschaftlichen Rezension beurteilen, denn, wie im einleitenden Kapitel erklärt, ist diese gerade bei den *Simpsons*, gemessen an 15 Staffeln (wobei die 15. im Oktober 2003 in den USA angelaufen ist) und über 300 Folgen, besonders spärlich. Dies liegt natürlich teilweise auch am Medium Fernsehen, das akademische Kreise, wenn nicht gerade aus medienwissenschaftlicher Sicht, auch heute noch mit einer gewissen Apathie betrachten.

Animationsfernsehen, ob noch immer im Samstagvormittag-Programm oder zur wieder entdeckten Prime Time, ist seit Ende der 80er Jahre ein kultureller Bestandteil der wachsenden Mediengesellschaft. Im folgenden Abschnitt werde ich den geschichtlichen Hintergrund des Animationsfernsehens näher beleuchten. Die Komplexität und mittlerweile über 100-jährige Geschichte des Zeichentrickfilms schließt hier allerdings eine umfangreiche Bearbeitung aus. Vielmehr soll das Format vorgestellt werden, dem sich Matt Groening mit den *Simpsons Shorts*[20] in der *Tracy Ullman Show* schon 1987 verschrieben hat, und somit der animierten Familienunterhaltung zur Hauptsendezeit ein für fast 30 Jahre ausgebliebenes Comeback verschaffte. Zwei Autoren seien hier besonders er-

---

[18] Mittell, Jason: *The Great Saturday Morning Exile – Scheduling cartoons on television's periphery in the 1960s*, In: Stabile, Carol A., Mark Harrison: *Prime Time Animation*, a. a. O., S. 30.
[19] Gerani, Gary: *Fantastic Television*, Harmony Books, New York 1977, S.177.
[20] Dies waren 30 Sekunden Mini-Episoden, die vor und während der sehr beliebten Tracy Ullman Show von 1987-1991 gezeigt wurde.

wähnt, da sie nicht nur eine dezidierte Bearbeitung der Materie leisten, sondern auch relevante Einblicke und Hintergrundinformationen bieten. Zum Einen ist dies Hal Erickson, mit seiner ausführlichen Abhandlung der Geschichte der *Television Cartoon Shows*.[21] Zum Anderen *The Encyclopedia of Animated Cartoons* von Jeff Lenburg, der in *A Nutshell History of the American Animated Cartoon* einen illustrativen Weg gewählt hat, die ein Jahrhundert umspannende Geschichte der Animation darzustellen.

2.1 Geschichtlicher Umriss des animierten Films

> *Oh, Marge, cartoons don't have any deep meaning.*
> *They're just stupid drawings that give you a cheap laugh.*
>
> Homer J. Simpson, 1991[22]

Ein Blick auf die Geschichte der Animation verdeutlicht, dass es gezeichnete Filmgeschichten gibt, solange bewegte Bilder über die Leinwand flimmern. Dieser umfangreichen und mehr als ein Jahrhundert umspannenden Geschichte möchte ich in diesem Abschnitt etwas näher kommen, um dem Phänomen der animierten Cartoonwelt, sei es nun ein langer oder ein kurzer (Episoden-) Film, in den wesentlichen Teilen auf den Grund zu gehen. Dieser geschichtliche Exkurs soll hier an Hand von vier Perioden umrissen werden: die Stummfilmzeit, die Goldene Hollywood Zeit, die Fernsehzeit und die Renaissance der Animation. Hierbei geht es nicht um Vollständigkeit, da es sich bei dieser Arbeit nicht um eine Geschichte der Animation handelt. Es soll vielmehr veranschaulicht werden, wie sich das Animationsgewerbe entwickelt und perfektioniert hat, wie es Rückschläge eingesteckt hat und Erfolge verbuchen konnte, wie es sich einen steinigen Weg bis in die Köpfe derer bahnte, für die es eigentlich von Beginn an konzipiert wurde, nämlich ein erwachsenes Publikum.

---

[21] Dieses umfangreiche Werk gewährt nicht nur Einblicke in sämtliche jemals zwischen 1949 und 1993 produzierten Animationsserien, sie bietet ebenfalls eine sorgfältig ausgearbeitete Geschichte dieses Genres.
[22] Homer zu Marge in: The *Simpsons*: Episode 37 – Mr. Lisa goes to Washington 26.09.1991 (Episode 39 Einmal Washington und zurück 12.01.1993).

Als um die vorletzte Jahrhundertwende die Stummfilmzeit begann, die sich bis zur Einführung des Tonfilms in den 20er Jahren behauptete, schuf dies auch eine Plattform zur Vorführung von animierten Kurzfilmen, den Cartoons. Die ersten wirklich großen Zeichentrickstars entstanden in dieser Zeit. Dazu gehören u.a. *Koko der Clown*, produziert von den Fleischerstudios in New York, und besonders *Felix the Cat*, geschaffen vom Animator und Cartoonist Otto Messmer. Solch animierte Figuren ebneten in der Stummfilmära den Weg auf die große Leinwand. Große und renommierte Filmstudios wurden bald auf diese Cartoons aufmerksam. Schon 1919 nutzte das Filmstudio Paramount die Popularität aus, die Cartoons, wie *Felix the Cat* erreicht hatten, um damit ihr Vorprogramm oder die Pausen in ihren Vorführhäusern aufzuwerten.

Ausgerechnet die Depressionszeit in den 30er Jahre läutete die Hollywoodära ein, die in der Literatur allgemein als „golden" bezeichnet wird. Den Sorgen und Nöten dieser Zeit für einen Moment zu entfliehen war Anreiz genug, Kino zur beliebten Freizeitbeschäftigung avancieren zu lassen. Amüsante Unterhaltung und humorvoller Umgang mit Alltagssituationen, wie es u.a. Chaplin in dieser Zeit mit seinen tragisch komischen, aber auch sozialkritischen Filmen meisterhaft schaffte, waren Anziehungspunkte. Diese wachsende Popularität des *Cinema* ließ auch die Aufmerksamkeit auf das animierte Genre steigen. Es war weiterhin die Zeit, in der risikofreudige Vordenker, wie Walt Disney (Mickey Mouse) oder die Warner Brothers[23] (Bugs Bunny), ihre bis heute weltweit wieder erkennbaren Firmenlogos, die u.a. auch heute noch ihr Image bestimmen, kreierten.

Disney, aber auch andere nutzten das populäre Animationsformat, um abendfüllende Cartoons zu produzieren. *Snow White (and the seven Dwarfs)* von 1937 war der erste animierte Familienspielfilm. Dieses innovative Zeichentrickmärchen brachte Disney –und damit dem gesamten Genre– den ersten Academy Award (Oscar) ein.[24] Niemand geringeres als der amerikanische Kindermegastar Shirley

---

[23] Daraus wurde später die Abbreviation Warner Bros.

Temple überreichte Walt Disney den Oscar. Ganz nebenbei bekam er noch sieben Miniaturausgaben des Goldjungen, als Anspielung auf sein Werk. Sie symbolisierten aber auch, wie sehr die Academy, und damit das Publikum, diese neue Art des Spielfilms anerkannte.

Nachdem das Ende des zweiten Weltkrieges und die Erfindung des Fernsehens sowie dessen wachsende Beliebtheit auch das Ende dieser goldenen Hollywood Ära einläuteten, kam eine Zeit, die eine Wende im Animationsgewerbe bedeutete. Die sinkende Qualität der animierten Filme der großen Hollywoodstudios ließ die Produktionen zu Kinomarginalen degradieren. Viele Studios beendeten ihre Produktion des mittlerweile auch sehr kostspieligen Zeichentrickformates. Selbst Disney konnte den realistischen Standard seiner Filme, wie *Fantasia* oder *Pinocchio* (beide 1940), nicht aufrechterhalten und begann, wie schon andere vor ihm, stilistisch zu experimentieren und somit dem Stil der UPA Produktionen[25] näher zu kommen. Ein aus diesem Konzept resultierender Film war *One Hundred and One Dalmatians* von 1961, der den bis dahin von Disney selbst gesetzten hohen Standard nicht mehr erreichen konnte, aber nichts desto trotz auch erfolgreich war und bis heute ein Disney-Verkaufsgarant ist.

Die 50er bis 80er Jahre werden als die Zeit bezeichnet, die dem animierten Film eine neue Plattform bot, das Fernsehen. Die Transformation des Animationsformats begann in den späten 40er Jahren. Trotz des oft thematischen und suggestiven Humors der Cartoons der *Golden Age* Zeiten, wurden sie von vielen Kinogängern als Kinderunterhaltung betrachtet, da es sich um ein animiertes Format handelte. Gerade diese Sichtweise ließ dann auch *Felix the Cat* zu einem der ersten Cartoons werden, die den Sprung ins TV-Format schafften.[26] Zahlreiche Kindersendungen nahmen Cartoons in ihr Programm auf, was der neuen Generation von Kindern das

---

[24] Vgl.: Wasko, Janet: Understanding Disney – The Manufacture of Fantasy, Polity Press, Cambridge 2001, S. 129.
[25] UPA, United Production of America, ist ein Animationsstudio, das Vorreiter war, was die Technik der *Limited Animation* betraf.
[26] Vgl.: Erickson, Hal: Televison Cartoon Shows – An Illustrated Encyclopedia, 1949 through 1993, McFarland & Company, Jefferson, NC und London 1995, S. 6.

Animationsformat näher brachte. Selbst Disney startete 1954 eine eigene Fernsehproduktion, *Disneyland*, auf ABC. Damit schuf Disney seinem gleichnamigen Themenpark[27] eine bis dahin einmalige Werbeplattform, die er weiterhin nutzte, um seine Cartoons zu senden, womit Disneys Figuren zu unverwechselbaren Charakteren wurden und der Konzern seiner Anfang der 50er Jahre prekären Finanzlage Aufschwung verschaffte. Zu diesem Zeitpunkt hatte Walt Disney noch eine regelrechte Aversion gegen Werbeunterbrechungen und verlangte, dass bei seinen speziellen Weihnachtssendungen nur zu Beginn und am Ende der Sponsor einblendet wird.[28] Von dieser Einstellung trennte sich Disney mit der Offerte des Fernsehsenders ABC, seinen Themenpark zu unterstützen, wenn er eine wöchentliche 60-Minuten-Sendung für sie produzierte. Natürlich war es hier keine Frage, ob oder wie viele Werbeunterbrechungen stattfinden sollten, da das gesamte Programm eine lange Werbesendung für Disney darstellte und ABC gleichzeitig den Themenpark finanziell unterstützte.[29]

Das erste große Animationsstudio, das sich nur noch auf Fernsehanimationen konzentrierte, war Hanna-Barbera Productions. Da sie nach neuen Möglichkeiten suchten, die Aufmerksamkeit der Zuschauer zu erreichen, legten sie ihr Programm in die Hauptsendezeit und nannten es *Family Hour*. Den größten Erfolg feierten Hanna-Barbera Productions dabei 1960 bis 1966.[30] Die Prime Time Cartoonserie *The Flintstones* wurde in dieser Zeit ein Quotenhit, der generationsübergreifend Zuschauer gewinnen konnte. Obwohl animiert und fiktiv, nutzte die Serie das Format der Situationskomödie, der Sitcom. Auch wenn in der Steinzeit angelegt, hatten die *Flintstones* doch Familienangelegenheiten und Probleme der 60er Jahre zu bewältigen. Die *Flintstones* zählen auch heute noch zu

---

[27] Disneyland öffnete als Amüsementpark 1955 in Anaheim, Kalifornien. Vgl.: Wasko, Janet: *Understanding Disney*, a. a. O., S. 21.
[28] 1960 hatten bereits 90 % aller amerikanischen Haushalte einen Fernseher, weshalb es auch für Disney wichtig war Fußzufassen. Zunächst waren es Weihnachtssendungen, die von Disney produziert wurden, so z.B. *One Hour in Wonderland*, NBC 1950.
[29] Vgl.: Erickson, Hal: *Televison Cartoon Shows*, a. a. O., 13-14.

den erfolgreichsten Fernsehcartoonserien. Besonders wichtig ist dabei das Prime Time Format, das mit den *Flintstones* erfolgreich begann und vorerst auch endete, obwohl es noch weitere Versuche gab, Animationsserien zur Hauptsendezeit laufen zu lassen. Alle hatten eher geringen Erfolg, weshalb diese Versuche eingestellt wurden und sich erst in den 90er Jahren einer Renaissance erfreuen konnten. Da Hanna-Barbera nicht an den Erfolg der *Flintstones* anknüpfen konnte, verlagerten sie ihre Sendungen auf den wachsenden Markt der Samstagmorgen- Animationsserien. Diese waren inzwischen sehr beliebt, weshalb eine regelrechte Massenproduktion von Cartoons die Regel war, die zu einem enormen Qualitätsverlust führte. Damit verlor aber auch das Animationsgewerbe an Ansehen. Es stellte sich ein Absatzverlust der Cartoonindustrie ein, der mehr als 20 Jahre andauern sollte. Nicht wenige Studios stellten die Produktion von Cartoons teilweise oder komplett ein, wie z.B. UPA Ende der 60er Jahre. Bis in die 80er hinein konnten einzig unabhängige Cartoonisten eine hohe Qualität aufrechterhalten, die aber nie einem Massenpublikum präsentiert wurden, sondern in Klein- und Kunstkinos gezeigt wurden. Solchen meist kurzen Animationsfilmen ist es zu verdanken, dass die für die Branche Prestige bringende Kategorie der Academy Awards: ‚Animated Short Film', überhaupt über die Jahre bestehen blieb.

Nachdem die Reagan Administration in den 80er Jahren begonnen hatte, die Bedingungen zu lockern, die ‚educational' Fernsehprogramme zu erfüllen hatten, setzte eine Welle im Cartoonfernsehen ein, die sich exklusiv der Vermarktung und Platzierung von Spielzeugwerbung widmete. Die Spielzeugindustrie sah ihre Chance und nutzte sie auch sehr intensiv, so dass von Qualität, die ohnehin meist schon minderwertig war, kaum noch gesprochen werden konnte. Es drehte sich nun alles um das ‚Kind' als Konsument, dem Spielzeuge und Videospiele durch Cartoons schmackhaft gemacht werden sollten. Solche Cartoons waren z.B. *Care Bears*, *Pac Man* oder *G. I. Joe*. Letztgenannter Cartoonheld, der im Prinzip das männlich - militärische Gegenstück zur erfolgreichen Barbie bildete,

---

[30] Hanna-Barbera ließ bereits 1957 *The Ruff & Reddy Show* und 1958 *Huckel-*

war dann eben auch als Actionfigur der Firma Hasbro Corp. ab 1964, auf dem Spielzeugmarkt erhältlich und stellt bis heute eine zeitweise wiederkehrende Größe im Animationsgeschäft, z.B. als Fernsehwerbung für Kinder dar. Interessant ist dabei allerdings, dass solche von der damals noch jungen Produktionsfirma Marvel[31] hergestellten Animationsfilme, obwohl schlecht geschrieben und von minderer Qualität, ein hohes Ansehen beim Zielpublikum erreichen konnten, was u.a. an der neuen Art und Weise lag, wie diese Cartoons, z.B. in Bezug auf ihr Tempo, aufgebaut waren. Damit wurde das ewig gleiche Hanna-Barbera Prinzip, das bis dahin dominant den Kinderfernsehmarkt beherrschte, in Frage gestellt. Ihr gewichtigstes Markenzeichen war, wohl auch dadurch bestimmt, der ewige Marktführer zu sein, eine immergleiche und vor Allem wieder erkennbare Formel des Zeichnens zu nutzen, welche sie schließlich den neu aufkommenden, stilistischen Veränderungen anpassen mussten.

So hatten z.B. die japanischen Anime-Produktionen[32], die währenddessen auf den amerikanischen Markt kamen, einen nicht unerheblichen Einfluss auf die Zukunft des Animationsfernsehens. Beispiele japanischer Anime-Serien sind in den 60er Jahren *Astro Boy* (1964, 104 Folgen) und *Speed Racer* (1967, 52 Folgen), in den 70er Jahren *Battle of the Planets* (1978, 85 Folgen) und *Starblazer* (1979, 52 Folgen) und in den 80er Jahren *Voltron* (1984, 76 Folgen) und *Robotech* (1985, 85 Folgen).[33] Dieser Einfluss auf die Animations-Kunst Nord Amerikas mag gering gewesen sein, doch die außergewöhnliche Art der Anime-Serien wurde zum Kult, was besonders auf die vielschichtigen Themen und komplexen Handlungsstränge so-

---

berry Hound im Abendprogramm laufen, was mäßigen Erfolg hatte.

[31] Das erste Comicbuch von Marvel war das 1939 erschienene *Marvel Comics*, was eine bis heute andauernde Produktion unterschiedlichster Comicfiguren nach sich zog. Marvel ist besonders berühmt für seine vielen Superhelden, wie *Spiderman* o. *Hulk*, die auch zu Animationsserien wurden.

[32] *Anime* ist die Bezeichnung für japanische Animationsfilme oder –serien.

[33] Vgl.: Lenburg, Jeff: The Encyclopedia of Animated Cartoons, Checkmark Books, New York 1999, S. 11 und 353ff. Die einzelnen Produktionsfirmen sind: Astro Boy – Mushi Productions; Speed Racer, Battle of the Planets und Robotech – Tatsunoko Productions; Sratblazer – Office Academy und Sunwagon Productions; Voltron – World Events Productions.

wie die unverblümte Sprache und Gewaltdarstellung zurückzuführen ist. Dies sind u.a. Gründe dafür, dass sich Anime-Produktion in den 90er Jahren wachsender Beliebtheit erfreuen konnten.

Was in den 80er Jahren ebenfalls Anklang fand, waren die durch die aufkommende Musikvideo-Industrie, popularisiert durch MTV, produzierten Animationssequenzen, die den an Kreativität und Fülle mangelnden Samstagvormittags-Produktionen der Vorjahre weit überlegen waren. Solche Animationssequenzen waren oft eingebettet in Musikvideos, wie 1985 *Money for Nothing* von den Dire Straits oder 1986 *Sledgehammer* von Peter Gabriel, und zielten auf ein jugendliches sowie erwachsenes Publikum.

Mit dem Ende der 80er Jahre begann dann eine fast schon unwahrscheinlich gewordene Renaissance des Animationsformates. Die amerikanische Animationsindustrie war an einem Tiefpunkt angelangt, der signifikant aus der das Samstagvormittag-Programm dominierenden Werbung im Cartoonmantel bestand. Wenige Ausnahmen kleinerer, unabhängiger Animationsfirmen und –produktionen waren die Regel. Selbst Disney hatte es schwer, ein größeres Kinopublikum mit seinen Animationsfilmen zu erreichen. Dennoch, ausgerechnet Disney schaffte es, das Interesse des Publikums wieder auf animierte Filme zu lenken. Zusammen mit Steven Spielberg produzierte Disney den an klassischer Animation orientierten Film *Who Framed Roger Rabbit*.[34] Damit war bewiesen, dass originelle Charaktere sowie einfallsreiche Ideen immer noch Erfolg versprechend sind, selbst wenn es sich um ein animiertes Format handelt. Der Animationsbranche neues Leben einhauchend, begannen viele auf den anfahrenden Zug aufzuspringen. Selbst akademische Kreise intensivierten Rezension und Interesse, was die aus dieser Zeit stammende Literatur demonstriert.

Das Wort *Blockbuster*[35] begann nun auch für Animationsproduktionen ein Begriff zu werden, der für Erfolg, Qualität aber auch Innovation stand. Mit weiteren Disneyerfolgen, wie *Little Mermaid* (1989)

---

[34] *Who Framed Roger Rabbit*, von 1988, spielte die Rekordsumme von mehr als 100 Mio. US$ ein.

und dem schon erwähnten Megahit *Lion King* (1994), wurde das Publikumsinteresse untermauert und aufrechterhalten. Hollywoodstudios, wie Universal, Warner Bros., Paramount und 20th Century-Fox, begannen dem Erfolg Disneys nachzueifern, was z.b. die Universal Produktion *Land Before Time*[36] u.ä. erfolgreiche Filme zur Folge hatte. Dreißig Jahre nachdem Warner Bros. seinen Animationssektor geschlossen hatte, produzierten sie ab 1990 wieder und gaben Bugs Bunny damit eine neue und erfolgreiche Chance. Somit war die Wiederbelebungsaktion auf cineastischer Ebene in vollem Gang. Selbst animierte Kurzfilme, Cartoons, hatten im Kino wieder einen Platz, was *The Prince and the Pauper*, der erste Mickey Mouse Cartoon nach 37 Jahren, und *Box Office Bunny*, der erste Bugs Bunny Cartoon nach 30 Jahren, erfolgreich bewiesen.[37]

Aber nicht nur im Kinoprogramm schwamm das animierte Unterhaltungsprogramm auf immer höheren Wellen, auch die Fernsehlandschaft konnte sich eines Aufschwungs im Animationsgewerbe erfreuen. Viele Fernsehcartoons wurden auch von den großen Hollywoodstudios, wie u. a. die oben genannten, produziert. So produzierte Steven Spielberg zusammen mit Warner Bros. 1990 die Animationsserie *Tiny Toons Adventures*, was eine Hommage an die *Looney Toons* der 40 Jahre darstellte und besonders bei jüngeren Zuschauern hohen Anklang fand. Sie wurde auf Fox Kids Network ausgestrahlt und war neben Serien, wie *Animaniacs* und *Taz-Mania* u.ä., eine der Serien, die auch das Interesse eines älteren Publikums, von Jugendlichen wie von Erwachsenen, weckte. Die herrschende Voreingenommenheit, dass es sich bei animierten Filmen und Serien um reine Kinderunterhaltung handelt, wie sie seit den Anfängen der Animation besteht, wurde zunehmend geringer.

---

[35] *Blockbuster* steht im amerikanischen für Kassenschlager, d.h. ein kommerziell erfolgreicher Film, der ein großes Publikum anziehen konnte.

[36] *Land Bevor Time* ist ein 1988 produzierter Animationsfilm von George Lucas und Steven Spielberg, der Hollywood realisieren ließ, dass es sich lohnt, wieder in das Animationsformat zu investieren, auch wenn man nicht Disney heißt.

[37] Ersterer von Disney produziert und Letzterer von Warner Bros. produziert. Beides nachzulesen in: Lenburg, Jeff: *The Encyclopedia of Animated Cartoons*, Checkmark Books, New York 1999, S. 15.

Einen ganz neuen Abschnitt dieser Animationsrenaissance bildete dann 1990 auch die sich hauptsächlich an ein erwachsenes Publikum richtende Serie *The Simpsons*. Sie schaffte das, was vor ihnen nur die Serie *The Flintstones* in der ersten Hälfte der 60er Jahre geschafft hatte, nämlich den Sprung in die Hauptsendezeit, in die *Prime Time*. Die *Simpsons* wurden zum Bestseller der letzten Dekade des 20. Jahrhundert und sind bis heute eine der erfolgreichsten Animationsserien, die sich zur Hauptsendezeit an ein erwachsenes Publikum richtet. Kontinuierliche und weltweite vorabendliche Wiederholungen aller bisher gezeigten Staffeln ließen die Serie auch zu einem Quotenhit der jüngeren Generationen werden. Andere Sender zeigten sich inspiriert und begannen, ihre eigenen Prime Time Animationsserien zu produzieren. MTV startete 1993 die erfolgreiche *Beavis and Butt-Head* Serie. Andere Sender versuchten zunächst erfolglos den Anschluss im *Prime Time* Animationsgeschäft zu finden. *Capitol Critters*, 1992 auf ABC, *Fish Police*, 1992 auf CBS und *Family Dog*, 1993 auf CBS, sind nur einige Beispiele erfolgloser Produktionen. Dennoch behauptete das Animationsprogramm seine Platzierung in der Hauptsendezeit. *Duckman*, 1994 auf USA, ist da ein weiteres Beispiel, das sich über positive Rezensionen und Publikumstreue freuen konnte. Gegenwärtig gehören immer noch die *Simpsons* auf FOX zum erfolgreichsten Animationsformat der Hauptsendezeit. *Futurama*, seit 2000 auf FOX und ebenfalls von Matt Groening, *South Park*, seit 1997 auf Comedy Central u.a., sind ebenfalls erfolgreich laufende *Prime Time Animations*.[38]

---

[38] Um den offiziellen engl. Fachbegriff zu benutzen, der im Englischen eine geringfügig abweichende Konnotation aufweist, als *Hauptsendezeit-Animation*, weil es keine deutschen Produktionen gibt, die den Anspruch auf *Prime Time* erheben könnten. Fortlaufend wird der Begriff *Prime Time Animation* aber synonym benutzt.

2.2 Animationsfernsehen zur Hauptsendezeit

If cartoons were meant for adults, they'd be on in prime time!

Lisa Simpson, 1990[39]

Wie schon im vorangestellten Teil besprochen, ist Prime-Time-Animation ein seit den 90er Jahren erneut hart umkämpfter Markt, wobei nicht wenige dieser Serien scheitern. Den aus dieser Zeit stammenden und schon erwähnten Serien *Fish Police, Capitol Critters* und *Family Dog* wurde mit Grabinschriften in einer *Simpsons*folge fragwürdiger Tribut gezollt, wobei sie nur Beispiele einer Liste zahlreicher Animationsserien sind, die mehr oder weniger erfolgreich liefen, aber doch alle zur Prime Time scheiterten. Andere erinnerungswürdige Versuche der 60er Jahre waren unter vielen: *Top Cat* (ABC, 1961-1962) oder auch *The Famous Adventures of Mr. Magoo* (NBC, 1964-1965),[40] die als One-Hit-Wonders bezeichnet werden können, da sie zwar eine Staffel lang quasi erfolgreich liefen, aber nicht den Sprung in fortführende Staffeln schafften. Bleibt die Frage zu klären, warum die *Flintstones* in den 60er Jahren und die *Simpsons* in den 90er Jahren das erreichten, woran viele ebenso aufwendige wie teure Produktionen scheiterten.

Ein Blick auf die Sendeanstalten verrät, dass die Flintstones, wie die *Simpsons*, Versuche waren und sind, dem allgemeinen Trend entgegenzuwirken, also etwas Innovatives zu versuchen, was, die jeweiligen gesellschaftlichen und medienlandschaftlichen Bedingungen zusammenbringend, Erfolg hatte. ABC und FOX haben es als jeweils junge Sender verstanden, sich den etablierten Sendern, wie NBC und CBS[41], dadurch zu nähern, deren Programme nicht zu

---

[39] Lisas Reaktion auf eine Kritik von Homer, die sich auf einen Cartoon bezieht, den Lisa und Bart im Fernsehen anschauen. In: The *Simpsons*: Episode 12 – *Krusty Gets busted* 29.04.1990 (Episode 9 – *Der Clown mit der Biedermaske* 15.11.1991).
[40] Beide nachzulesen in Mittell, Jason: *The Great Suturday Morning Exile*, a. a. O., S. 46-47.
[41] Für FOX dann auch noch ABC, da dieser Sender seit den *Flintstones* zur etablierten amerikanischen Medienlandschaft, den so genannten Networks, gehört.

imitieren, sondern im Gegenteil sich disparat neuen Ideen zu widmen und diese zu verwirklichen.

Die schon eingangs erwähnten Beispiele anderer Sender, es den *Flintstones* in den 60er Jahren gleich zu tun, führten zu einem regelrechten Boom der Animation zur Hauptsendezeit. Doch ausnahmslos alle konnten der Steinzeitfamilie nicht das Wasser reichen[42], und mit dem Ende der *Flintstones* kam auch das Ende der relativ kurzlebigen Zeit der Prime Time Animation, denn die Flintstones wurden von 1960-1966 produziert. Viele dieser Versuche wurden aber nicht in die Archive verbannt, sondern auf andere Sendezeiten verlegt, wie z.B. die bei Kindern beliebten Samstagvormittag Stunden. Was aber folgte, war eine Abstinenz der Prime Time Animation für fast ein Viertel Jahrhundert. Zwischenzeitliche Versuche, wie z.B. *Where's Huddles* (CBS, 1970)[43], zeigten, dass Zuschauer sich der Prime Time Animation gegenüber ablehnend verhielten. Animation am Abend war einfach nicht mehr erwünscht.

Nachdem sich die Versuche, anspruchsvolle, an ein erwachsenes Publikum gerichtete Animationsprogramme für die Hauptsendezeit zu entwickeln, zu einem degradierten Samstagvormittag-Stelldichein entwickelten, ließen die Sender bald die Finger davon und konzentrierten sich auf Animation als reine Kinderunterhaltung. Diese konnte sich ab Mitte der 60er Jahre eines wachsenden Publikums erfreuen, denn nicht zuletzt bedeutete dies steigende Werbeeinnahmen, die auch und gerade mit Animation für Kinder zu verdienen waren. In welche Richtung solche am Samstagvormittag gezeigten Animationsprodukte gingen, habe ich im vorhergehenden Kapitel dargestellt, weshalb ich hier nicht weiter darauf eingehen möchte. Interessant ist vielmehr, wie und warum es zu einer Renaissance der Prime Time Animation kommen konnte, inwieweit sich diese Renaissance in einen dauerhaften Zustand wandeln konnte und ob ein Ende dieses Zustandes abzusehen ist.

---

[42] Wobei man hier auch von variierendem Erfolg sprechen kann.
[43] Hilton-Marrow, Wendy, David T. McMahan: The Flintstones to Futurama – Networks and Prime Time Animation, In: Prime Time Animation, S. 77.

Nachdem sich die Prime Time Animation auf den Samstagvormittag verschoben hatte, ist dieser unter den meisten Sendern nicht sehr beliebte Sendeplatz zu einer respektablen Einrichtung geworden, die gewinnbringend ein sehr junges Publikum anspricht. Die einzelnen Sender rechneten nicht mit einer Wiederholung des *Flintstones*-Phänomens, das sich in den 60er Jahren ereignet hatte. Cartoons und Animationsserien haben mehr als 20 Jahre lang einen Platz in den Köpfen der Senderstrategen eingenommen, der durch keine logische Argumentation verändert oder gar verbessert werden konnte. Animation ist Kinderunterhaltung – so die in dieser Zeit vorherrschende Annahme der etablierten Sendeanstalten. Dies zu widerlegen, brauchte es eine enorme Portion Mut, innovatives Denken und den couragierten Willen, es stromaufwärts zu schaffen. Der neue Sender, der in reinster ABC-Manier[44] auf der Bildfläche erschien, war Fox Television Network (FOX).

1987 begann Fox die Tracy Ullman Show zu senden, die bald zu einem Quotenhit wurde. Während der Sendung, genauer zwischen den Sketchen, wurden regelmäßig 30 Sekunden-Cartoons gezeigt, die von Matt Groening stammten und eine „crudely drawn dysfunctional family"[45] zeigten, aus der 1989 dann die Serie *The Simpsons* wurde. Die animierten Kurzfilme in dieser Prime Time Show wurden zu einem kultgleichen Unterhaltungsfaktum beim Publikum, wobei sich die Tracy Ullman Show an ein erwachsenes Publikum richtete. Produzent James L. Brooks und Matt Groening diskutierten die Möglichkeiten einer eigenen Serie dieser beliebten Familie. Nachdem auch das Sendermanagement durch die Vorführungen eines potenziellen Sendeformates der Serie gewonnen werden konnte, wurden die *Simpsons* nicht nur zur ersten Prime Time Animationsserie nach 23 Jahren, sondern auch zum absoluten Bestseller des Senders. Matt Groening glaubt, wie bei Hilton-Morrow und McMahan zu lesen ist, dass die Entscheidung des Sendermanagements,

---

[44] ABC hatte sich Ende der 50er Jahre gegenüber CBS und NBC behauptet und mit den Flintstones den Senderübergreifenden *Prime Time* Animationsboom der 60er Jahre ausgelöst.
[45] Hilton-Marrow, Wendy, David T. McMahan: The Flintstones to Futurama, a. a. O., S. 78.

die Serie nicht nur zu finanzieren, sondern ihr auch *Prime Time* eine Chance zu geben, am damaligen Alter der FOX Geschäftsführer lag.

One of the reasons *The Simpsons* got on the air in the first place was that there were finally some executives who remembered watching *The Flintstones* and *The Jetsons* and *Jonny Quest* at night as children, so they could conceive of the idea of animation during prime time.

Der schon angesprochene Boom im Prime Time Animationsgeschäft ist auf das Engagement Brooks und Groenings zurückzuführen. Die eingangs in diesem Teil erwähnten Serien gehören zu den Versuchen anderer Sendeanstalten, am neu aufkommenden Markt der Prime Time Animation teilzuhaben. Interessant ist das veränderte Verhalten der Sendeanstalten, die jetzt nicht eine Staffel lang warteten, um einen Flop vom Bildschirm zu nehmen. In den 60er Jahren liefen die aus dem Boom resultierenden Serien immerhin eine Saison und wurden dann sogar noch dadurch am Leben erhalten, dass sie, wie schon erwähnt, auf den Samstagvormittag verlegt wurden, was in den 90er Jahren undenkbar war. Eine Serie musste, ob nun animiert oder nicht, ein unmittelbarer wirtschaftlicher Erfolg sein, um nicht sofort wieder abgesetzt zu werden. Dies gilt natürlich auch heute noch, denn die bestehenden, umkämpften Sendemärkte machen Erfolg an der Summe aus, die am Ende unter dem Strich steht. Andere Serien, die diesem Kriterium eine bestimmte Zeit standhielten bzw. immer noch standhalten, sind u.a. *Daria* (1997-2002), eine durch die Serie *Beaves und Butt-Head*[46] (1992 bis 1997 auf MTV) bekannt gewordenen Figur, *South Park* (seit 1997 auf Comedy Central), oder auch *Family Guy*[47] (seit 1999 auf FOX).

Das Phänomen einer Renaissance der Prime Time Animation ist u.a. dem Umstand zu verdanken, dass das Samstagvormittag Animationsprogramm in den 80er Jahren an Marktanteilen verlor. Dies

---

[46] Beavis and Butt-Head sind im übrigen nicht vom Sender MTV abgesetzt worden, wie es meist üblich ist, wenn z.B. die Quoten sinken, sondern von Mike Judge, dem Erfinder und Produzenten der Serie.

führte soweit, dass CBS und NBC ihr Animationsprogramm am Samstagvormittag komplett beendeten und stattdessen reale Serienformate sendeten, die sich an Jugendliche richteten. Außerdem wurde es zu einem Trend, Animationsserien am Nachmittag und im Vorabendprogramm zu zeigen, was u.a. daran lag, dass eine Konkurrenz zu den *Game Shows* geschaffen werden sollte, was aber eben auch eine völlig neue Vermarktungsstrategie bedeutete, die sich nicht nur auf den Samstagvormittag konzentrierte. Die in dieser Zeit langsam besser werdende Qualität animierter Serien kann ebenfalls zu den Gründen gezählt werden, die der Prime Time Animation ihre zweite Chance bereiteten. Der schon erwähnte günstige Umstand, dass die in den 80er Jahren neue Generation von Produzenten und Geschäftsführern der Sendeanstalten zum Teil mit Prime Time Animation aufgewachsen sind bzw. sich noch an solche erinnern konnten, lässt sich genauso auf die aus der gleichen Generation stammenden erwachsenen Zuschauer übertragen. Betty Cohen, geschäftsführende Vizepräsidentin bei Cartoon Network sagte: „We have the first generation of adults who grew up with television. There's a comfort level in the revisiting of shows, and people want something they can watch with their kids."[48] Das erwachsene Publikum wollte aber auch etwas, was ihrem höheren Anspruch gerecht werden konnte, was Eileen Katz, Sen. Vizepräsidentin bei Comedy Central so äußerte: „the adult audience that was weaned on cartoons and is comfortable with animation is telling us they want a product that just isn't aimed at their kids, and TV is responding."[49] Natürlich blieb ein Restrisiko, denn es war nicht gesagt, dass sich das erwachsene Publikum tatsächlich so verhalten würde, wie vorhergesagt oder gewünscht. So hatte auch Groening seine Zweifel, ob sich die Serie als Prime Time Animation durchsetzen konnte. „My big fear was that adults would not give it a chance – that they would think it was just another kiddie show and never tune in. I new kids would love it. There was nothing like it on television at

---

[47] Eine ausführliche Beschreibung dieser Serie findet sich in *Prime Time Animation* von Carol A. Stabile, S. 86.
[48] Hilton-Marrow, Wendy, David T. McMahan: The Flintstones to Futurama, a. a. O., S. 81.
[49] Hilton-Marrow, Wendy: a.a.O., S. 81.

the time, [...]."⁵⁰ Wie Hilton-Morrow und McMahan feststellen, haben, allen Unkenrufen zum Trotz, mehr Erwachsene als Kinder das neue Programm geschaut. Genauer, 60 % der *Simpsons*-Zuschauer kamen aus der Altersgruppe der über 18 jährigen. Dass es ausgerechnet die *Simpsons* schafften, eine Institution in der Prime Time Animation zu werden, ist auch auf die Etablierung des neuen Senders FOX zurückzuführen, was ein ebenso wichtiger Grund ist, wie die eben schon angeführten. Was ABC für die 60er Jahre war, konnte nun FOX in den 80er Jahren wiederholen. Als sich FOX 1986 etablierte, wollte es einen Gegenpol schaffen und somit eine Ausweichmöglichkeit für Zuschauer bieten, die ihre Programmgewohnheiten umstellen wollten, weil sie neue Erwartungen hatten und daher nach Alternativen suchten bzw. auf solche warteten. Schon in den ersten zwei Jahren schafften es die *Simpsons*, die Zweitbeliebteste Sendung unter den 18-34 jährigen zu werden. Sie schafften sogar einen schnellen Sprung unter die Top Fünf Sendungen, die sich 25-54 jährige ansehen. Das war ein großer Erfolg, was sich gemessen an dieser am schwierigsten zu erreichenden Altersgruppe zeigt, wie es auch Hilton-Morrow und McMahan ausdrücken. Die neue an ein erwachsenes Publikum gerichtete Satire und die neue Ebene von Humor macht sich seit Anfang der 90er Jahre bezahlt. Prime Time Animation ist mittlerweile derart in der amerikanischen Fernsehwelt, wo es hunderte von Kabelkanälen sowie den Broadcast Networks[51] gibt, etabliert, dass ein erneuter Einbruch der Prime Time Animation kaum vorstellbar ist. Natürlich wird es auch weiterhin Animationsserien geben, die zur Prime Time scheitern, Beispiele habe ich genannt, weil sie kein Publikum finden. Doch die wachsende Medienlandschaft sowie das wachsende Interesse neuer Generationen, die seit fast 14 Jahren mit Prime Time Animation aufwachsen, werden dafür sorgen, dass es sie auch in Zukunft nicht nur als marginale oder temporäre Erscheinung eines unterschätzten Kulturphänomens geben wird.

---

[50] ebenda
[51] Vgl.: Hilton-Marrow, Wendy, David T. McMahan: a.a.O., S. 87.

3 POPULÄRKULTUR

popular culture offers us a window into ideological de-
velopments in America.

Paul A. Cantor, 2003[52]

3.1 Die populäre Seite der Kultur

Homer: There is a lesson here for all of us: It is better
to watch stuff than to do stuff.

Bart: Amen!

Vater und Sohn Simpson, 2001[53]

Das Einschalten des Fernsehers kann heutzutage, und das beweist allein die Fülle an wissenschaftlichem Material und Studien zu diesem Thema, als kultureller Akt verstanden werden. Dadurch, dass die von uns wahrgenommene Realität Einzug ins televisierte Unterhaltungsprogramm gefunden hat, lässt sich unser Verständnis der Dinge kaum noch von populärkulturellen Einflüssen trennen. Aber nicht nur das Fernsehen gehört zum Fundus der potentiellen Phänomene mit populärem und kulturellem Anspruch, die den Weg in die akademische Betrachtung gefunden haben. Freese und Porsche sprechen von einer nicht enden wollenden Liste.

> They range from such traditional fictional genres as the western, the detective story, science fiction and the comic strip to the established types of the Hollywood film, from the talk shows, soap operas and sitcoms of television to the fare provided by the print media, from the styles of pop music of the themes of fun parks, from all kinds of spectator sports and vacation activities to video clips and the electronic games, from popular heroes and celebrities to specific types of food and furniture, and, most importantly, from popularly accepted life styles to tacitly shared value systems.[54]

---

[52] Cantor, Paul A.: Gilligan Unbound – Popular Culture in the Age of Globalization, Rowman & Littlefield, Lanham und Oxford, 2003, S. XXV.
[53] The *Simpsons*: Episode 260 – *Tennis the Menace* 11.02.2001 (Episode -- – *Tennis mit Venus* 10.12.2001).
[54] Freese, Peter, Michael Porsche: *Popular Culture in the United States*, Die Blaue Eule, Essen 1994, S. 13.

Die *Simpsons* schöpfen, wie kaum eine andere Serie, aus diesem populärkulturellen Fundus. Eingebettet in denselben, ist es den gelben Pop-Philosophen[55] möglich geworden, sich durch sämtliche Subkulturen zu manövrieren und dabei aus sich heraus Einfluss auf die immer globaler werdende Medienkultur zu nehmen.

Bevor der Begriff Populärkultur hier noch detaillierter von mir besprochen wird, möchte ich verdeutlichen, dass der Begriff *Kultur* in einer überaus komplexen, vielschichtigen und vielfältigen Weise Verwendung findet, was sich auch im Weiteren noch zeigen wird. Wird von *Kultur*[56] gesprochen, ist im allgemeingültigen Sinn die Rede von der Einheit von Ideen, Errungenschaften, Traditionen und Werten einer Gesellschaft. Anders ausgedrückt, die Gesamtheit des geistigen, sozialen und materiellen Lebens, einschließlich dessen Entwicklung und Pflege. Sie bedingt mutuell der Kommunikation, was auch die nonverbale Kommunikation einschließt, womit selbst das *Ski fahren* als eine Form von Kultur angesehen werden kann.

Als wissenschaftlicher Untersuchungsgegenstand wird das Konglomerat *Kultur* sehr oft in diverse Subsysteme unterteilt. Da gibt es zum Einen die so genannte Elite- und Hochkultur. Sie setzt sich im engeren Sinn aus den schönen Künsten zusammen. Im weiteren Sinn können auch andere Bereiche der Gesellschaft zur Elite- und Hochkultur gezählt werden, wenn sie kulturelle Errungenschaften und Werte schaffen bzw. geschaffen haben. Dazu gehören u.a. Wissenschaft und Religion, Technik und Medizin, Recht und Wirtschaft, die ebenfalls charakteristisch für eine Gesellschaft stehen und diese ausmachen. Zum Anderen gibt es das Subsystem Populärkultur, welche im engeren Sinn die Unterhaltungsindustrie verkörpert. Im weiteren Sinn durchdringt Populärkultur alle anderen Bereiche der Gesellschaft, wobei sie auch oft auf o.g. Hochkulturbereiche Auswirkungen hat. So ist die Unterhaltungsindustrie wirtschaft-

---

[55] Das ist hier natürlich nicht wörtlich zu nehmen, auch wenn Matt Groening u.a. Philosophie studiert hat. Allerdings, und das sei hiermit erwähnt, gibt es ein Buch, das sich der philosophischen Signifikanz der Serie widmet: *The Simpsons and Philosophy* von William Irwin, 2001, und auf welches ich im Folgenden auch noch Bezug nehmen werde.

[56] Eine umfassende und vergleichende Definition bietet Marvin Harris: Kulturanthropologie, 1989.

lich im besonderen von den Gesetzen des Marktes abhängig, weshalb sie eng mit dem Subsystem Wirtschaft verknüpft ist. Dabei lässt sich erkennen, dass Populärkultur im engeren Sinn einer simplen Formel folgt. Lässt es sich gewinnbringend an Mann oder Frau oder Kind bringen, wird es produziert, alles andere nicht. Im weiteren Sinn ergibt sich allerdings ein weitaus umfassender Begriff der Populärkultur. Dieser durchdringt heutzutage jede noch so nebensächlich anmutende gesellschaftliche Ebene bzw. Errungenschaft. Gerade in den letzten Jahrzehnten ist sehr deutlich geworden, dass ‚Kultur' eine (nur allzu) leicht(sinnig) affigierte Verwendung fand, die sich in Begriffen, wie z.b. Esskultur, Wohnkultur, Trinkkultur, Sendekultur widerspiegelt. Die Entstehung solcher X-Kulturen hat oft einen kommerziellen Hintergrund, denn Kultur kann heutzutage direkt per Knopfdruck nach Hause bestellt werden. Der Mensch lebt, kreiert, verändert und benutzt Kultur ganz nach Gutdünken und nicht zu letzt spielt er mit Kultur, hinterfragt sie, lüftet so manch scheinheilige und manipulative Handhabung, was eben auch und gerade in dem Kultur-Subsystem *Populärkultur* manifestiert wird. Medienwissenschaftliche Texte sprechen in Bezug auf die Unterhaltungsindustrie dabei allerdings oft von *Popkultur*, wobei ich an dieser Stelle feststellen möchte, dass es sich um synonymisch brauchbare Begriffe mit leicht variierender Konnotation handelt, wobei sich von einem hierarchischen Standpunkt betrachtet Popkultur der Populärkultur unterordnen müsste, da *pop* ein Derivat von *popular* ist und zeitlich gesehen erst Mitte des 20. Jahrhunderts entstanden ist. Es gibt Stimmen, die eine Übersetzung des englischen Begriffs *popular* mit dem deutschen *populär* anzweifeln, gar ablehnen.[57] Damit würde allerdings dem Begriff Populärkultur jeglicher Boden entzogen und eine weitere Untersuchung bzw. Verwendung des Begriffs wäre hypothetisch. Da aber die *Simpsons* ein populäres Produkt der Kulturindustrie sind und eines der vielen Phänomene verkörpern, die dem Begriff Populärkultur erst Leben einhauchen, ist es unumgänglich genau diesen Begriff nicht nur im folgenden zu verwenden, sondern ihn hier kurz zu analysieren.

---

[57] So z.B. Diedrich Diederichsen in *Pop, Technik, Poesie – Die Nächste Generation:* von Hartges, Marcel, Martin Lüdke, Detlef Schmidt (Hrsg), 1996.

Das Adjektiv *populär* wurde im 18. Jahrhundert dem französischen *populaire* entlehnt, was wiederum auf das lateinische *popularis*, ‚zum Volk gehörig', volkstümlich, zurückgeht. Damit wird *populär* eindeutig von elitär abgrenzt, was unserem Verständnis nach die antonymische Bedeutung vertritt. Damit wird verständlich, dass hier nicht die Kultur Weniger, sondern vielmehr die *Kultur der Massen*, die Massenkultur gemeint ist. Der synonymisch gebrauchte Begriff *Populärkultur* könnte aus moderner Sicht demnach also auch *Kultur für die Massen* implizieren, denn populär ist, was die Masse, also das Volk, anspricht. Das, was bei sehr vielen bekannt und beliebt ist, kann nur populär sein, ob nun im positiven oder negativen Sinn, und *popular culture* impliziert das, was analog dem deutschen Verständnis einer omnipräsenten *Populärkultur* entspricht. Allerdings, und das sei hier ausdrücklich gesagt, gehe ich hier bewusst nicht auf semantische Tiefseefahrt, da sich diese Arbeit nicht explizit der Begriffsetymologie von Populärkultur widmet, aber auch nicht ohne den Begriff auskommt. Der Gebrauch des Begriffs *popular culture* als Anglizismus erscheint mir wiederum doch zu vereinfacht, da es sich hier[58] nicht nur um eine omnipräsente, auf einen Kulturkreis beschränkte oder von ihr ausgehende[59] Erscheinung handelt, sondern eben auch um ein globales wie regionales Phänomen, weshalb eine landesspezifische begriffliche Darstellung möglich sein sollte. Oft beschrieben und behandelt, ist die Populärkultur bis heute kaum entschlüsselt. Versuche gibt es viel und Namen, wie Adorno, Löwenthal, Eco, Diederichsen usw. belegen, dass das Thema bzw. der Begriff Untersuchungen anregt und oft Gegenstand solcher war und ist.

Dem zeitgenössischen Betrachter kann Populärkultur nur noch als Wegweiser dienen, der durch die mittlerweile stark verzweigten Pfade der Subkulturen führt. Was zur Populärkultur gezählt wird, lässt sich innerhalb dieser nicht mehr glasklar voneinander trennen,

---

[58] Und hier spreche ich nicht nur vom allgemein Gültigen, sondern auch vom speziell dieser Arbeit zugrunde liegenden globalen Phänomen der *Simpsons*.

[59] Zwar ist die Unterhaltungsindustrie weltweit beeinflusst und geprägt von der US-Amerikanischen, dennoch haben unterschiedliche Gesellschaften eigene Populärkulturen geprägt.

weshalb vieles Neue durch simple, übergreifende Vermarktungsstrategien bald in die Populärkultur integriert werden kann. Sobald etwas massentauglich gemacht wurde, ist es somit in die Populärkultur aufgenommen und wird auch allgemein akzeptiert, wobei das natürlich oft eine Frage des Geschmacks ist.

So wurde Elvis Presley am Beginn seiner Karriere mit Argusaugen betrachtet, wenn er seinen selbstkreierten Hüftschwung auf der Bühne zeigte. Das Fernsehen ließ ihn zu dieser Zeit nur in der Oberkörperansicht über die Bildschirme flimmern, was aber dem Einzug des Rock'n'Roll als Musik- wie Tanzstil keinen Abbruch tat und somit auch nicht der Einbettung in die Populärkultur. Vielleicht sogar wichtiger bleibt es zu erwähnen, dass Elvis, der den so genannten *schwarzen Rhythm und Blues* für weiße Stadtjugendliche aufbereitete, dieser damit neu entstandenen Rock'n'Roll Musik den Weg in die Populärkultur ebnete und sie zu einem wichtigen Bestandteil dieser werden ließ.

Genauso lässt sich der Einzug des Animationsfernsehens in die Populärkultur nachzeichnen. Anfänglich, im 19. Jahrhundert, noch ein Comicstrip in Zeitungen wurden daraus Ende des 19. Jahrhunderts bereits animierte Cartoons, die ein Massenpublikum anzogen. Auch die *Simpsons* waren anfangs, der schwierigen Prime Time Entscheidung wegen, kein sofortiges Massenprodukt.[60] Doch heute sind sie derart in unser Wahrnehmungsfeld integriert, dass wir mit ihnen oft ein lebendigeres Abbild der Gesellschaft assoziieren, als mit nur wenigen realen Gegenstücken. Sie sind also massentauglich geworden und somit ein Teil der Populärkultur. Beide, Elvis und die *Simpsons*, haben es geschafft, nicht nur sich selbst zu populärkulturellen Größen zu machen, sondern anderen, dem gleichen Genre angehörenden Künstlern bzw. Prime Time Animationsserien zu Erfolg zu verhelfen.[61]

---

[60] Wenn auch *anfangs* hier wirklich wörtlich genommen werden muss, da, wie schon unter 2.1.1 erwähnt, sie zügig das erhoffte Zielpublikum erreichen konnten und sich die erwähnte schwierige Entscheidung nur auf die Managementebene bezieht.

[61] Elvis inspirierte eine ganze Reihe von Künstlern. Seine erste Single bei Sun Records *That's all right, mama* und *Blue moon of Kentucky* (1954) gilt ge-

Umberto Eco nähert sich der Populärkultur, die er schnörkellos, aber auch gründend auf die Entstehungszeit[62] seines Werkes *Apokalyptiker und Integrierte, Massenkultur* nennt und ihrem Wesen damit völlig entspricht, auf chronologisch-analytischem Weg. Die populäre Kultur der Massenmedien hat sich, und damit stellt Eco die Massenkultur in ein positives Licht, „[...] unter jenen Bevölkerungsschichten verbreitet, die früher keinen Zugang zu kulturellen Ausdrucksweisen hatten. Der Überfluss an Informationen über die Gegenwart wird von Menschen aufgenommen, die vormals keinerlei Informationen über die Gegenwart erhielten [...]."[63] An der weit verbreiteten Annahme, dass solche Informationsinhalte banal sind und als minderwertig abgetan werden, kann nicht festgehalten werden, da es sich um die Popularisierung von Ideen und kulturellen Praktiken handelt, die dem Begriff Populärkultur eine umfassende und sämtliche gesellschaftliche Bereiche durchdringende Bedeutung beimessen. Selbst die geringfügigen Botschaften, nämlich das Triviale, sind ein wesentliches Kennzeichen unserer Zivilisation. Nicht nur bestimmen sie den menschlichen Alltag, sie werden dabei auch noch mit Vergnügen konsumiert, sind Freizeit prägend, transportieren bestimmte Ansichten und spiegeln nicht zu letzt den Zeitgeist wider. Natürlich, und das ist ein wichtiger Ansatz dieser Arbeit, üben sie als Massenkultur auch auf symbolische Art und Weise Kritik an den gegebenen Lebensumständen.

Interessant ist, dass es populärkulturelle Produkte schaffen bzw. in der Lage sind vor Allem auch soziale Mängel zu kritisieren. Science Fiktion beschreibt und kritisiert oftmals die Realität, auch wenn sie in Zukunftsvisionen erzählt wird. Aber auch die zeitgenössischen *Simpsons* nutzen den spielerischen Weg, um Kritik am bestehenden Gesellschaftssystem zu üben. Bunt, frech, karikativ und sati-

---

meinhin als Geburtsstunde des Rock'n'Roll. Die *Simpsons* ebneten erfolgreichen Prime Time Animationsserien, wie den schon besprochenen Serien Family Guy, Daria usw., den Weg.

[62] Das Buch *Apokalyrtiker und Integrierte* wurde erstmals 1964 in Italien publiziert. Mehrere überarbeitete Versionen folgten, wobei die Letzte von 1994 stammt.

[63] Eco, Umberto: *Apokalyrtiker und Integrierte – Zur kritischen Kritik der Massenkultur*, Fischer, Frankfurt 1994, S. 45.

risch setzen sie sich über Grenzen hinweg, die ihnen aber auch fast nie durch die Populärkultur gestellt wurden. Dabei gibt es schlechterdings eine Ausnahme, nämlich die reine Industrie der Populärkultur, die ein populärkulturelles Produkt, also ein massentaugliches, populäres Produkt nur anhand der Kosten und Einnahmen, Quoten und Statistiken misst. Andere Grenzen sind die in den Köpfen derer, die sich diesem Massenphänomen der Populärkultur entziehen wollen bzw. keinen Zugang zum inneren Ton der Serie zu finden, was aber später ausführlicher Thema dieser Arbeit sein wird.

Wirkliche soziale Interaktion ist heutzutage auf ein Minimum geschrumpft, was nicht zu letzt auf die wachsende Mediengesellschaft zurückzuführen ist. Hier zeigt die Populärkultur ihre Schattenseiten. Mehr und mehr Kinder und Jugendliche, deren Unterhaltungskonsum sich zunehmend aus Fernsehen, Videospielen und dem Beschäftigen mit einem Computer zusammensetzt, befinden sich heutzutage nur bedingt in sozialer Interaktion. Weil diese sich oftmals nur im Konsum interaktiver Spiele oder Shows artikuliert, kann nicht synonym von einer ausreichenden Mensch zu Mensch Interaktion gesprochen werden. Der wachsende Einfluss medialer Institutionen, wie Fernsehen, Internet und Film, stößt auf wachsenden Medienhunger der Gesellschaft. Was sich der Einzelne von solchen Medien verspricht, ist nicht selten das, was sich die Mehrheit erhofft, nämlich dem realen Ich für einen Moment zu entfliehen, soziale Problem zu vergessen, Emotionen auszuleben und dem Glück anderer so nahe zu kommen, wie es sonst kaum möglich wäre.

Diese Glücksmomente, die Populärkultur bieten kann, haben aber auch andere für sich entdeckt und so versuchen immer größere Einkaufspaläste mit immer phantastischeren Angeboten, die Aufmerksamkeit von Kunden zu erreichen. Typische Nordamerikaner, und das schließt Jugendliche ein, zelebrieren die bereits erwähnten X-Kulturen, wie Wohn-, Ess-, Fahr- oder Kaufkultur usw., die doch immer in ein und der selben Quintessenz resultieren, nämlich der Konsumkultur.

> [...] parents, teachers, counselors, and clergy typically consume the latest technology, styles, and services. Their peers

are probably similarly immersed in the purchase of everything from shoes to CDs. Is it really surprising, then, that so many adolescents find their sense of community at the local shopping mall?[64]

Kaufen, so wird den Verbrauchern suggestiv vermittelt, hilft Depressionen zu kurieren, Langeweile zu vertreiben und Kommunikation zu fördern. Das alles aber nur, wenn z.b. eine besondere Halbfettmargarine im Kühlschrank steht oder der letzte Modeschrei im Schrank hängt. Interessant dabei ist, dass, um Glück oder besser Identität, Intimität und Interaktion zu erlangen, der Konsument nicht einmal das Haus verlassen muss. Telefon, Internet und Fernsehshops stehen Tag und Nacht zur Verfügung, ganz zu schweigen von unzähligen und unterschiedlichen Bringdiensten. In diesem aus westlicher Sicht den Alltag bestimmenden Milieu leben die *Simpsons*. Das animierte Format ermöglicht es den Machern, bestimmte Phänomene der Populärkultur intensiver bzw. überspitzt zu betrachten. So wirft z.B. Bart seine vermeintlich unzeitgemäße ‚Gamestation 252' (eine Anspielung auf die von Sony hergestellte PlayStation I z. Z. II) in den Kamin, als er eine auf ein kindliches Zielpublikum zugeschnittene Werbesendung im Fernsehen sieht, welche die Nachfolgekonsole, die ‚Gamestation 256', zum hippen Nonplusultra bzw. Muss-Ich-Haben Objekt für Kinder und Jugendliche macht. Bart, während und nach der Werbung: „256? And I'm stuck with this useless 252? [...] Mom can I have 200 bucks for a 256k Gamestation? That's less than a dollar a k [-byte]!"[65]

Die Macht, die mittlerweile von Hollywood und Co. ausgeht und wächst, aber auch der Einfluss anderer Medienbotschafter, ob Werbung, Talk oder Boulevard, auf Menschen, führt paradoxerweise zu einem Absinken dessen, was dort so leidenschaftlich vermittelt wird, nämlich Kommunikation. Dass die *Simpsons* dem ausgerechnet medial und sogar animiert entgegentreten, um so ihre Kritik am bestehenden populärkulturellen Unterfangen zu artikulieren, entspricht

---

[64] Schultze, Quentin J. u.a.: Dancing in the Dark – Youth, Popular Culture, and the Electronic Media, W.B.Eerdmans Publishing Co., Grand Rapids 1993, S. 7.

[65] The *Simpsons*: Episode 252 – *Lisa the Tree Hugger* 19.11.2000 (Episode 251 – *Lisa als Baumliebhaberin* 08.10.2001).

der Erkenntnis Cantors: „Indeed since our reality is now partly constituted by television, popular culture may well offer us one of our best entry points into understanding our world."[66] Den Wermutstropfen der kommunikativen Subjektivität hinnehmend, gönnen uns die *Simpsons* Einblicke „[...] in die nächsten und entlegensten Kultur-Monaden: Pop-Musik und –Art, Comics, Film, Politik ... Die Liste der Referenzen, das ist Prinzip, kann nicht vervollständigt werden."[67] Andreas Rauscher nennt es sogar „eine ins Unendliche ausufernde Enzyklopädie des postmodernen Alltags." Interessant dabei ist, dass es die *Simpsons* schaffen, dieses enzyklopädische, populärkulturelle Wissen eben nicht, wie eigentlich zu vermuten wäre und es in der Serie tatsächlich (und einzig) vom Comic Book Guy gelebt wird, arrogant oder altklug zu vermitteln, sondern sich subtil und, wie Gruteser, Klein und Rauscher es formulieren, *subversiv*[68] dem aktuellen Zeitgeschehen zu widmen. Dabei nutzen sie intensiv das von Diederichsen geprägte „laterale Apropos"[69], welches ihnen die Möglichkeit einräumt, immer auch auf wirklichkeitsbezogene politische, kulturelle oder gesellschaftliche Themen Bezug zu nehmen. Den *Simpsons* selbst bleibt meist gar keine Zeit zur Reflektion der auf sie einströmenden und analog von ihnen vermittelten populärkulturellen déjà vus, weil sie meist mit essentiellen Problemen zu kämpfen haben, die eine amerikanische Arbeiterfamilie bestimmen. Was die Serie weit über das reguläre *running-gag* Palaver der meisten realen Sitcoms hinaushebt, ist ihre Fähigkeit, kulturelles Bewusstsein und Interesse unter ihren Zuschauer zu wecken, was auf die recherchierten und punktgenau gespielte Populärkulturgags und –sketche zurückgeführt werden kann. Ein Blick auf die komplexe Themenvielfalt nur einer einzigen Session, z.B. die 3. Staffel von September 1991 bis August 1992, veranschaulicht die Fülle, in der popkulturelle Ereignisse und Momente satirisch verarbeitet werden, was eine reale Sitcom gar nicht leisten kann, ohne den logischen Aufbau zu verlassen, oder einfacher, den roten Faden zu verlieren.

---

[66] Cantor, Paul A.: Gilligan Unbound, a. a. O., S. XXV.
[67] Gruteser, Michael u. A.: *Subversion zur Prime-Time*, a. a. O., S. 13.
[68] Dies impliziert schon der Buchtitel: *Subversion zur Prime-Time*.
[69] Diedrich Diederichsen: Die *Simpsons* der Gesellschaft, In: Gruteser, Michael u. A.: *Subversion zur Prime-Time*, a. a. O., S. 18.

Da gibt es unzählige persiflierte Filmmomente, ob *Citizen Kane* oder *One flew over the Cuckoo's Nest*; politische Debatten, wie die zwischen Kennedy und Nixon 1960; die *Family values* Ansichten des ehemaligen Vizepräsidenten Dan Quayle; die L.A. Riots; aber eben auch populärkulturelle Größen, wie Andrew Lloyd Webber oder Leonard Nimoy; und schließlich andere Animationsserien, wie z.b. die sich ewig wiederholende Hintergrundverwendung in den *Flintstones*. Die *Simpsons* schaffen es dennoch, solch differenzierte Handlungsstränge in den logischen Progress der Serie einzubauen. Hier werden eben keine populärkulturellen Witze (nur des schnellen Witzes wegen) gerissen, und wenn Homer sagt: „Oh, Marge, cartoons don't have any deep meaning. They're just stupid drawings that give you a cheap laugh."[70], dann steht das sicherlich für unzählige Animationsserien, aber eben nicht für die *Simpsons*.

Bevor meine Konzentration der kleinfamiliären, spiritualen und kommerziellen Seite der *Simpsons* gilt, möchte ich im nächsten Abschnitt erst noch auf den Aufbau und die Charaktere der Serie in aller machbaren und vor Allem vertretbaren Kürze eingehen. Dies soll einerseits dem besseren Serienverständnis dienen und ist andererseits grundlegend für die darauf folgende Analyse des komplexen gesellschaftskontroversen Gehalts der Serie.

3.2 Situationskomödie

> *I'm glad you asked son. Being popular is the most important thing in the world.*
>
> Homer J. Simpson, 1990[71]

Fernsehen ist, und das hat Horace Newcomb schon 1974 im Titel seines Buches festgestellt, „[...] the most popular art." Er stellt darin umfassend alle Fernsehgenres, wie u.a. den Western, das Drama, die Domestic Comedy, die Soap Opera oder eben das der Situationskomödie vor. Natürlich durchlaufen all diese Fernsehgenres eine

---

[70] Homer zu Marge in: The *Simpsons*: Episode 37 – Mr. Lisa goes to Washington 26.09.1991 (Episode 39 Einmal Washington und zurück 12.01.1993)

[71] The *Simpsons*: Episode 8 – *The Telltale Head* 25.02.1990 (Episode 8 – *Bart köpft Ober-Haupt* 08.11.1991)

allmähliche, aber unaufhaltsame (Weiter-)Entwicklung; die sich mitunter auch übergreifend äußern kann. So geschehen in der sehr erfolgreichen Familienserie *Home Improvement*, die im Hause Taylor eine ‚Domestic Comedy' war, aber Vater Tims *Tool Time*, also sein Arbeitsplatz in der Serie, dem Genre Situationskomödie zugerechnet werden muss.[72]

Die wesentlichen Kennzeichen einer Situationskomödie (deutsch für ‚Situation Comedy', umgangssprachlich ‚Sitcom') sind die vertrauten Schauplätze, in denen meist nur wenige Akteure jeweils ca. 30 Minuten auftreten. Eingeblendete Lacher unterstreichen dabei oft, aber nicht immer humorige aus bestimmten Situationen entstandene Handlungen und vermitteln das Gefühl, dass es sich um eine Aufführung vor Publikum dreht. Die Sitcom verfolgt nicht das Ziel, kontinuierlich den moralischen Zeigefinger zu erheben, was sie aber auch nicht davon abhält, es hier und da zu tun. Natürlich gibt es neben der Domestic, also häuslichen, Sitcom auch noch andere dem Genre zugehörige Formate. Als Beispiele seien hier Office Sitcom, Fantasie Sitcom und Politische Sitcom genannt.[73]

Die Sitcom ist wohl das beliebteste, oder besser populärste Fernsehgenre. In einem schlechten Jahr sind 50-60% der erfolgreichsten amerikanischen Fernsehsendungen Sitcoms, sonst können es sogar 80% sein.[74] Die absolute Mehrheit der amerikanischen Sitcoms dreht sich dabei um die amerikanische Familie. Natürlich auch im weiteren Sinn, denn:

„[...] non-family familycoms feature clear familial roles and themes. We can easily identify mother, father, and children

---

[72] *Home Improvement* (*Hör Mal wer da Hämmert*), wurde 1991-1999 von ABC produziert.
[73] Office Sitcom → *Ally McBeal* – ABC 1997-2002; Fantasy Sitcom → *I Dream of Jeannie* – NBC 1965-1970 oder aktueller *Sabrine, the teenage Witch* – WB 1996-heute; Politische Sitcom → *That's My Bush!* – Comedy Central April 2001-Mai 2001, wobei die letztgenannte nur 8 Folgen lang lief, bevor sie abgesetzt wurde. Soviel unverblümte und vor Allem real dargestellte Kritik am *wichtigsten Mann der Welt* war dann doch zu viel für die amerikanische Öffentlichkeit.
[74] Vgl.: Mintz, Lawrence E.: *American Humor Looks at Family Values*, In: Freese, Peter, Michael Porsche (Hrsg.): *Popular Culture in the United States*, a. a. O., S. 122.

roles, as well as familiar domestic ‚others' such as nannies, maids, butlers [...], all in family-support roles."[75]

Schon in den 50er Jahren gab es Familiensitcoms. Wohl die Bekannteste ist *I love Lucy*, die sich der amerikanischen Institution Ehe annimmt. Lucy flieht immer dann in ihre ihr aufgedrängte Hausfrauenrolle, wenn sie mit ihren Versuchen, die alle samt aus auferlegter Untätigkeit und Langeweile resultieren, Sinn in ihr Leben zu bringen, scheitert.[76] Damals wie heute war es ein Kommen und Gehen und nicht viele Domestic Sitcoms überlebten so lange wie *I love Lucy*. Die Domestic Comedy beruht auf einer größer werdenden Themenvielfalt und vor allem auch ernsteren Themen, wie es besonders seit den 80er Jahren der Fall ist. Sie hat sich seit den 50er Jahren auch weiterentwickelt, was nicht zuletzt die wachsende Anzahl relevanter Seriencharaktere zeigt. Waren es damals noch 2 Ehepaare und ab und zu ein Postbote, die eine komplette Serie ausfüllten, werden mittlerweile größere Grenzen gesteckt. Nicht nur die Entwicklung der eigenen Familie, was in den 70ern noch zum überwiegenden Standard gehörte, spielt eine wachsende Rolle, sondern auch das Einbeziehen von Verwandten, Freunden, Arbeitskollegen oder Angestellten. Die wohl wichtigsten Domestic Sitcoms der 80er und 90er Jahre waren u.a. der Dekade größter Hit: *The Cosby Show* (NBC 1984-1992), aber auch *Married with Children* (FOX 1987-1997), *Roseanne* (ABC 1988-1997), *The Simpsons* (FOX 1989-heute) und *Home Improvement* (ABC 1991-1999). Die einzige dieser durchweg erfolgreichen Sitcoms, die es bis heute schafft, ein großes Publikum für sich zu gewinnen und sozusagen überhaupt noch produziert wird, ist ausgerechnet fiktiv und animiert. Mit den *Simpsons* haben animierte Sitcoms den Einzug in die amerikanische Prime Time Fernsehlandschaft gefunden, und sind seitdem kaum mehr daraus wegzudenken.

---

[75] Vgl.: Mintz, Lawrence E.: *American Humor Looks at Family Values*, a. a. O., S. 122.
[76] *I love Lucy* lief 1951-1991 auf CBS und wird seitdem wiederholt.

4 SIMPSOGRAPHIE

> *Without question it [die Simpsons] is one of the most intelligent and literate comedies on television today.*
>
> William Irwin, 2001[77]

4.1 Der visuelle Geniestreich eines Comiczeichners

> *The Simpsons is a very smooth-running machine, with talented people at every level.*
>
> Matt Groening, 1995[78]

Als am 17. Dezember 1989 die erste Prime Time Folge der *Simpsons* lief, konnte Matt Greoning den enormen Erfolg noch nicht erahnen oder ermessen, den die Serie über mittlerweile 15 Staffeln haben würde. Dass es einmal 300 Leute brauchen würde, die 8 Monate lang an nur einer einzigen Episode arbeiten werden und sich die Produktionskosten für eine solche zu ganzen 1,5 Millionen Dollar summieren, war ihm da wohl auch noch nicht bewusst. Er hat es geschafft, die längst für tot erklärte Prime Time Animation wieder zu beleben und den Rekord der Flintstones, die bis dahin die längste Prime Time Animationsserie war, zu brechen. Seine unsterbliche *nuclear family, Die Simpsons*, wurde erstmals ab 1987 als 30 Sekundenspots zwischen den Sketchen in der sehr beliebten Tracy Ullman Show gezeigt. Groening war vorher (seit 1977) bereits durch seine Cartoon Reihe *Life in Hell* bekannt geworden, die auch heute noch weltweit in über 250 Zeitungen abgedruckt wird. Der aus Portland, Oregon stammende Comiczeichner und Gründer der Bongo Comic Group (1993), für die er auch als Publisher tätig ist, hat eine ganze Reihe von (Fan-)Büchern herausgegeben, die alle auf *Simpsons* oder *Life in Hell* basieren.

Als Groening die Serie geschaffen hat, fiel es ihm nicht schwer, passende Namen für seine neuentstandenen Figuren zu finden. Bis auf Bart, ein Anagramm für *Brat*, bediente er sich für den engeren

---

[77] Irwin, William, Mark T. Conard, Aeon J. Skoble: *The Simpsons and Philosophy – The D'oh of Homer*, Open Court, Chicago 2001, S. 2.

Familienkreis bei seiner eigenen engeren Familie. Dass die Serienhelden nicht altern und seit 14 Jahren im gleichen Jahr leben, lässt die Serie unsterblich erscheinen. Dieser gewollte Effekt sowie vor Allem das animierte Format dieser Familiensitcom unterstützen den zeitlosen Stil der Serie und lassen selbst die Episoden der ersten Staffeln auch heute noch zeitgemäß erscheinen, während gleichaltrige reale Gegenstücke, wie *Family Ties*[79] o.ä. eine out-of-date Aura umgibt, da zig modernere und aktuellere Sitcoms ausgestrahlt werden. Groening hat das Format Animation mit dem der Familiensitcom, allerdings ohne eingespielte Lacher, verbunden, wodurch gesellschaftskritische Aspekte verdaulicher, eben auf humorvolle Weise, dargestellt werden können. Die Macher können sich annähernd alles erlauben, da die Grenzen für dieses Format weit gesteckt sind, was schon traditionsreiche, wenn auch kritiklose Hanna-Barbera Produktionen, wie Tom und Jerry, gezeigt haben.

Um sich als fiktives Format mit Nähe zur Realität noch mehr Geltung zu verschaffen, nutzen die Macher der Serie noch ein weiteres probates Mittel, nämlich Gastauftritte amerikanischer (Ex-)Prominenter. Solch ein Gaststar zu sein, oder wenigstens einem Charakter seine Stimme zu leihen, der in der Serie einen kurzen Auftritt hat, ist mittlerweile auch sehr gefragt. Laut Groening sind solche bekannten Persönlichkeiten meist selber Fans der gelben Pop-Legenden.[80]

> Die Tatsache, dass in Springfield ständig die *Postmoderne für alle* gegeben wird, dass jeder medientheoretische und kulturpolitische Einwand, der zu irgendeinem gegebenen Thema denkbar ist, auch mit Sicherheit vorkommt (...), führt dazu, dass eine Fülle von exprominentem Personal anfällt, das nach einem kurzen Einsatz nicht mehr gebraucht wird. Die Welt der

---

[78] Paul, Alan: *Life in Hell* – Interview mit Matt Groening, Flux Magazine, Nr. 6, 30.09.1995.
[79] *Family Ties* lief in Deutschland als *Familienbande* noch bis ins neue Jahrtausend, obwohl schon Anfang der 90er abgesetzt. Das die Serie umgebende Flair der 80er Jahre kann es mit den zeitlos erscheinenden *Simpsons* nicht aufnehmen.
[80] Vgl.: Paul, Alan: *Life in Hell* – Interview mit Matt Groening, Flux Magazine, Nr. 6, 30.09.1995.

Simpsons ist voller abgehalfterter und gar nicht so abgehalfterter Stars, aus der Sendung wie aus dem wirklichen Leben.[81] Ex-Präsident Bush sei hier ausdrücklich ausgenommen. Er ist bekennender Nicht-Fan, dem daher auch mit *Two Bad Neighbors* schon eine ganze Episode gewidmet wurde, in der er und Barbara nach Springfield ziehen und Nachbarn der *Simpsons* werden: „Just happy to be here among good average people with no particular hopes or dreams."[82]

Die seit 14 Jahren anhaltende Fanbindung zeigt sich besonders durch das Internet, wobei hier auch das weltweite Interesse verdeutlicht wird. Die Anzahl der relevanten *Simpsons* Internetseiten durch eine Internet Suchmaschine, wie z.B. *Lycos*, herausfinden zu lassen, ergibt für das Schlagwort *Simpsons* 3,277,433 gefundene Seiten.[83] Der Eintrag *Simpsons* + *Homer* ergibt 378,409 Seiten. Während eine andere Hochgelobte und weltweit bekannte Animationsserie, die *Peanuts* von Charles Schultz, zwar auch auf immerhin 2,582,991 Einträge kommt, muss hier aber auch noch der Abstrich aller Nussrelevanten (Virginia Peanuts usw.) Internetseiten gemacht werden. Damit bleiben bei der Eingabe des Suchbegriffs „*Peanuts + Snoopy*" noch 197,441 Einträge übrig, was die enorme Resonanz von organisierten *Simpsons*-Fans zeigt, die sich in Chaträumen und Diskussionsforen ihren gelben Helden ausgiebig, regelmäßig und zunehmend widmen. Der Fakt, dass die Serie in über 70 Ländern[84] bekannt ist und sie somit auf allen Kontinenten über die Bildschirme flimmert, unterstützt hierbei die Tatsache, dass es im Internet zahllose Fanseiten und kommerzielle Seiten zum Thema *Simpsons* in einer Vielzahl von Sprachen und Variationen gibt.

---

[81] Diederich Diederichsen: *Die Simpsons der Gesellschaft*. In: Gruteser, Michael u. A.: *Subversion zur Prime-Time*, a. a. O., S. 20.
[82] The *Simpsons*: Episode 141 – *Two Bad Neighbors* 14.01.1996 (Episode 136 – *Die bösen Nachbarn* 18.11.1996).
[83] <www.lycos.de> ist eine weltweit arbeitende Suchmaschine, die eine Internetrecherche per Stichwort in sekundenschnelle zur Verfügung stellt. Sie dient hier nur als Beispiel einer Suchmaschine, <www.google.de> oder <www.yahoo.de> bieten Ergebnisse, die sich in geringeren Zahlen ausdrücken.
[84] Dubcan, Andrew: *I'm an incurable neurotic. No comedy comes out of being well adjusted*, Radio Times Artikel, 18.-24. September 1999.

Dieses Interesse hat sich aber auch schon bald nach Serienbeginn 1989 auf andere mediale Bereiche ausgebreitet. So wurden die *Simpsons* zu Werbeträgern für die unterschiedlichsten Produkte. Angefangen bei Butterfinger-Schokoriegel und Fastfood-Ketten, wie Burger King, bis hin zu 1-800-Collect und Pepsi, die *Simpsons* waren als Werbeträger von Beginn an gefragt. Selbst Intel nutzte 1998 ausgerechnet Homers Hinterkopf zum Aufdruck seines Logos „Intel Inside"[85].

Die Kommerzialisierungsmaschinerie fährt von Beginn an auf Hochtouren, was sich in einer gigantischen *Simpsons*-Produktpalette widerspiegelt, wobei von einer existierenden Unüberschaubarkeit an Kommerzialisierung gesprochen werden kann. Sie reicht von beeindruckend, wie die von Matt Groening produzierten umfangreichen Fanbücher, bis hin zur Schmerzgrenze des Kitschigen, wie verschiedene Fanartikel, was aber wohl eher eine Frage des Geschmacks ist. Das Lucassche Prinzip[86] der Kommerzialisierung fruchtete sehr umfangreich, so dass es bald eine Fülle von Fanartikeln und sonstigen Gebrauchsgegenständen gab, die das Logo der *Simpsons* trugen. Von Büchern, Comicheften, CD-Rom-Spielen, Kartenspielen, einer eigenen Monopoly Version und einem individuellen Cluedo-Spiel, Trinkgefäßen, sonstigem Geschirr, Bettwäsche, Actionfiguren usw. bis hin zu DVDs und Videospielen, die seit Kurzem erhältlich sind, reicht das Angebot und ist auch heute noch schier unüberschaubar. Allein in den USA wurde während der ersten Staffel ein Warenumsatz von 1 Milliarde Dollar erwirtschaftet.[87]

---

[85] so zu erfahren im Presseraum der Intel Internetseite: <www.intel.com/pressroom/archieve>, sowie in The *Simpsons* Archive: <www.snpp.com/episodes/mini/MC25.html>.

[86] George Lucas gilt allgemein als der Vater der intensiven Kommerzialisierung eines Medienprodukts. In seinem Fall war es die Star Wars Trilogie, die er 19... bis 19... als Regisseur drehte und gleichzeitig eine Vermarktung initiierte, die bis dahin kein Vorbild hatte und eine Produktpalette hervorrief, die keine Fanwünsche offen ließ.

[87] Vgl.: Dalton, Lisle, Eric M. Mazur und Monica Siems: *Homer the Heretic and Charlie Church – Parody, Piety, and Pluralism in The Simpsons*, In: Mazur, Eric M., Kate McCarthy: *God in the Details – American Religion in Popular Culture*, Routledge, New York – London 2001, S. 232.

Der enorme Erfolg der Serie gründet sich aber zweifelsohne essentiell auf kreatives Zeichnen, außergewöhnliche Ideen und nicht zuletzt auf die ausgereiften Dialoge. Diese führen oft zu kontroversen Meinungen in der Gesellschaft; brachten der Serie aber auch schon unzählige Preise ein. Seit 1990 war die Serie jedes Jahr (einschließlich 2003) in verschiedenen Kategorien für den Emmy nominiert und hat, außer 1994, 1999 und 2002, auch immer besagte Trophäen in variierender Quantität erhalten. Das veranschaulicht einerseits den Erfolg der Serie beim Publikum und verrät andererseits, bei näherer Betrachtung, den Ursprung allen Erfolgs. Denn die intellektuell anspruchsvollen Szenarien und Dialoge beruhen auf einem Team von Kreativen, das sich wie ein *who is who* Alumniverzeichnis der ältesten amerikanischen Universität, nämlich Harvard, liest. 10 (von 24) Autoren der Serie: Al Jean, Dan Greaney, Kevin Curran, Brian Kelley, Stewart Burns, Mike Reiss, George Meyer, Tom Gammill, Max Pross und Matt Warburton sind allesamt Absolventen dieser prestigeträchtigen Eliteeinrichtung. Auch Groening führt den großen Erfolg zum Teil auf das kreative Team von Schreibern und natürlich auch Zeichnern zurück, wobei eine affirmative und obsessive Serienleidenschaft für ihn eine Grundvorrausetzung bildet. Außerdem belohnen Groening und sein Team den aufmerksamen Zuschauer.

> A lot of talented writers work on the show, half of them Harvard geeks. And you know, when you study the semiotics of *Through the Looking Glass* or watch every Episode of *Star Trek*, you've got to make it pay off, so you throw a lot of study references into whatever you do later in life.[88]

Nicht selten ist es unausweichlich, eine Episode mehrmals anzusehen, da sich einem nicht alle Referenzen, Anspielungen und Querverweise sofort erschließen. Oft ist es auch ein so genannter *freeze frame*, d.h. ein Standbild, das erst wirkliche Erkenntnis bringt. So ist ein Gottesdienstbesuch der *Simpsons* oft mit der einleitenden Außenansicht der Kirche verbunden, vor der eine Informationstafel

---

[88] Matt Groening im Interview mit Jamie Angell: *Explaining Groening – One on One with the Sultan of Fun*, Simpsons Illustrated, Ausgabe 1, Nr. 9, Sommer 1993, S. 22-33.

steht, auf der grundsätzlich diverse Sprüche oder Zitate stehen. So z.B. „Private Wedding, Please Worship Elsewhere!"[89] Ohne das Aufnehmen per Videorekorder oder den Erwerb der DVDs[90], was die Funktion des Standbildes ermöglicht, können solche situationsbestimmten Gags oder andere Informationen, und da wird jeder Fan wohl zustimmen, selbst bei größter Aufmerksamkeit und Konzentration unbemerkt vorübergehen.

Den Autoren ist es u.a. auch zu verdanken, dass sich das Leben der *Simpsons* in Springfield abspielt, einer augenscheinlichen Kleinstadt, die amerikanischer kaum sein könnte und sich daher die Frage nach einem real existierenden, amerikanischen Counterpart erst gar nicht stellt, da fast jede Kleinstadt in Frage käme. Was auch immer in die kreative Vorstellungskraft der Drehbuchautoren für eine Episode fällt, es ist sicherlich in Springfield vorhanden. Ob es sich um einen Flughafen, eine Süßigkeitenfabrik oder einen tiefen Canyon handelt; steht es im Drehbuch - existiert es. Auch das ist ein wertvoller Vorteil der Animation. Die Familie lebt in einem Einfamilienhaus, wie es für das amerikanische, suburbane Familienleben so typisch ist. Das animierte Verbinden von Realität und Fiktion ist das denkbar einfachste Mittel zum Ausbrechen aus gesellschaftlichen Zwängen und Konventionen, was die Serie zu einem populärkulturell gehaltvollen Beitrag macht.

---

[89] In: *The Simpsons*: Episode 102 – *Lady Bouvier's Lover* 12.05.1994 (Episode 99 – *Liebhaber der Lady B.* 01.07.1995).
[90] Seit September 2003 ist, nach der 1. und 2. Staffel, auch die 3. Staffel im Handel erhältlich.

4.2 Die Attribute der wichtigsten Charaktere

> Marge, den weihnachtlichen Familienbrief schreibend:
> *... Maggie is walking by herself. Lisa got straight A's. And Bart - Well, we love Bart.*
> Homer, genervt: *Marge, haven't you finished that stupid letter yet?*
> Marge, daraufhin den Brief endend: *Homer sends his love.*
>
> Simpsons-Moment, 1989[91]

Homer, der reizbare und einfältige Familienvater, arbeitet als Sicherheitsinspektor im Springfieldeigenen Atomkraftwerk. „His job description clearly specifies an illiterat!"[92] meint Mr. Burns, Homers Chef, wofür er auch genau den Richtigen eingestellt hat. Schlechter, aber meist naiv-ehrlich und vor Allem ernst gemeinter Rat ist einer von Homers charakteristischen Wesenszügen. Duff Beer, Doughnuts und Marge's Schweinekotelett stehen außerdem exemplarisch für seine Sucht nach allem, was „*Mmm...Essbar!*" ist. Sein *upper-under-middle-class* Charakter entspricht auch dem von ihm, Marge und seinen 2 1/3 Kindern bewohnten Haus. Die intensive Pflege des imposanten Bierbauchs, der launischen Wutanfälle und seiner dilettantischen Freizeitgestaltung wird mitunter nur dramatisiert, wenn Homer auf seinen verhassten *okilly-dokilly* Nachbarn Ned Flanders trifft, dem Paradebeispiel eines wiedergeborenen Christen.[93] Oftmals ist das Einzige, was Homer aus seiner kalorienhaltigen Sofalethargie herausholt, die verloren gegangene Fernbedienung, was

---

[91] Marge verfasst einen Weihnachtsbrief, der schon in der ersten Folge, einer Weihnachtsspezialepisode, über die Charaktereigenschaften der Familie aufklärt. In: The *Simpsons*: Episode 01 – *Simpsons Roasting on an Open Fire* 17.12.1989 (Episode 01 – *Es weihnachtet schwer* 06.12.1991).

[92] Mr. Burns zu Waylon Smithers, seinem persönlichen Assistenten, als er per Videoüberwachung sieht, dass Homer in Readers Digest liest. Dies spielt in der Folge eine Schlüsselrolle, da es Homers neu entdecktes und nur für kurze Zeit bestehendes Interesse am Lesen zeigt und der Familie (mit Lisas Hilfe, aber doch aufgrund des ‚Buches') einen Trip nach Washington einbringt. In: The *Simpsons*: Episode 37 – *Mr. Lisa goes to Washington* 26.09.1991 (Episode 39 *Einmal Washington und zurück* 12.01.1993).

[93] Nachdem Neds Frau Maude stirbt, verlässt Ned kurzzeitig der Glaube.

u.a. einer der Gründe für seinen herzinfarktbegleiteten Sprung ins mittlere Mannesalter war. Nichtsdestotrotz ist Homer auch eine Figur mit positiven Eigenschaften, was u.a. Jeff MacGregor in seinem Artikel feststellt, indem er Homer als brillante Satire des amerikanischen Vaters erkennt, der beides ist, nämlich liebevoll und unverbesserlich.[94]

Marge ist zu allererst Hausfrau und Mutter. Eher selten bricht sie aus diesem konformen, traditionell-amerikanischen Rollenmodel aus, was sie unter Anderem schon temporär zu einer Polizistin und zu einer Anti-Gewalt Aktivistin werden ließ. Seltenes Aufkeimen eines reaktionären Emanzipationsstrebens, wie es schon viel eher Lisa verkörpert, endet für Marge grundsätzlich per Wimpernschlag und müde lächelnd im patriarchalischen Rollengefüge, auch wenn meist Marge ihre jeweilige Kurzzeitrolle, wie z.B. die einer Polizistin in *The Springfield Connection*, perfekter ausfüllt als sämtliche männlichen Gegenstücke. In solchen Momenten zeigt sich eine vielseitig begabte, intelligente Marge, die sich gänzlich von der hauptsächlich dargestellten eher langweiligen, putzenden, kochenden, bügelnden, alles beachtenden, alles findenden und vor Allem allseits fürsorglichen Marge unterscheidet.

Bart, das älteste Kind von Marge und Homer, ist Zehn Jahre alt und hat schon einige Träume verwirklichen könne und jede Menge Ärger produziert. Seine lebensphilosophischen Slogans *Eat my shorts!*, *Don't have a cow, man!*, *Ay caramba!* oder *I'm Bart Simpson: Who the Hell are you?* sind berühmt berüchtigt und spiegeln nur einen kleinen Teil des durchaus altersgerechten und wirklichkeitsgetreuen Vokabulars des Teenanfängers. Schon im Vorspann darf er fast zeremoniell die *I will not ...Nachsitzstrafe* wiederholt an die Tafel schreiben. Einige der unzähligen Beispiele sind: *I will not belch the national anthem. -- I will not hide behind the Fifth Amendment. -- I will not fake my way through life.*[95] Bart ist der leibhaftig

---

[94] MacGregor, Jeff: *More than Sight Gags and Subversive Satire*, New York Times – Review, New York 20. Juni 1999.
[95] Dies sind Tafelsprüche aus den Episoden (in der Reihenfolge, wie im Text): 27 Principal Charming / 27 Der Heiratskandidat (14.02.1991 / 03.04.1992) -- 31 Brush with Greatness / 33 Marges Meisterstück (11.04.1991 /

gewordene *Underachiever...and proud of it!*, der subversiv und rüpelhaft Kritik an den gesellschaftlichen Paradigmen in den USA übt.

Lisa, das un- und missverstandene mittlere Kind der *Simpsons*, ist zwar erst acht Jahre alt, will aber am liebsten sofort aufs College. Ihr fast akademisch anmutender Intellekt brachte ihr bereits verschiedene Preise ein und dennoch ist sie ein großer Fan von Malibu Stacy, ein Barbie Pendant, was sie, plus Stimme und Größe, als Kind erst identifizierbar macht. Sie ist stolz darauf, Vegetarierin zu sein und wünscht sich nichts sehnlicher als den Weltfrieden, außer vielleicht ein Pony. Im Grunde reflektiert sie als Streberin genau die Paradigmen der amerikanischen Öffentlichkeit, wie z.B. politisch korrektes Verhalten, aber auch ihr Wissen um die Existenz staatlicher Bibliotheken und wie sie benutzt werden, für die ihr Bruder Bart nicht mehr als einen seiner Leitsprüche opfert. Lisa denkt kritisch und vor Allem selbstständig, was sie, gemessen an der Menge der in der Serie existierenden Nicht-Lisas, meist sehr einsam erscheinen lässt. Kommt es innerhalb der Familie, und das kommt eigentlich so gut wie nie vor, zu einer politisch angehauchten Diskussion, ist dies einer der wenigen Glücksmomente in Lisas Leben: „Ooh, a political discussion at our table. I feel like a Kennedy."[96] Das einzige Ausdrucksmittel, das Lisa zur Verfügung steht, ihre philosophisch-kreativen Gedanken kommunikativ zu verarbeiten, ist das Spielen ihres Saxophons. Selten findet sie jemanden, dem sie sich anvertrauen kann und wenn, dann wieder nur auf dem Wege der Musik:

> Lisa: I got this bratty brother, – he bugs me everyday,
> And this morning my own mother – Gave my last cupcake away.
> My dad acts like he belongs in the zoo. – I'm the saddest kid in grade number two.[97]

29.05.1992) -- 3 Homers Odyssey / 5 Der Versager (21. Januar 1990 / 11.10.1991).

[96] In: The *Simpsons*: Episode 17 – *Two Cars in Every Garage, Three Eyes on Every Fish* 01.11.1990 (Episode 18 *Frische Fische mit drei Augen* 24.01.1992).

[97] Lisa musiziert mit Bleeding Gums und vervollständigt die Strophe, die Bleeding Gums beginnt: "I'm so lonely, since my baby left me..." In: The *Simp-*

49

Die Intelligenz, und das wird immer wieder deutlich, macht Lisa zu einer Außenseiterin, die, oft nach Freundschaft und Zuwendung ringend, an manifestierter Ignoranz zu scheitern, gar zu fallen droht, wobei sie letztlich oft durch den vermeintlichen Revoluzzer und Underachiever Bart aufgefangen wird. „Sie ist die weise Närrin, auf die natürlich niemand hört."[98]

Maggie, das schnullerlutschende Baby der Familie, hat sich schon mehrfach als intuitive Überraschungsfigur erwiesen, die, nur 1 Jahr alt, ihren Namen per *Etch a Sketch*[99] Spielzeug buchstabiert hat und auch schon allein ganz Springfield durchkrabbelt hat. Der größte Teil der Literatur, welche sich mit der gelben Familie auseinandersetzt, erwähnt Maggie grundsätzlich nur als das traditionelle, Durchschnittsbildende 1/3 Anhängsel. Damit haben sie in Hinblick auf die familiäre Normstatistik der USA sicherlich recht, nur übersehen sie meist die Rollenvielfalt, die der Kleinen, natürlich nicht immer und auch nicht oft, zukommt, aber stellenweise vorhanden ist.

Andere Familienmitglieder, Nachbarn, Schulfreunde und Springfielder werden von mir, wenn nötig, zu gegebener Zeit näher beschrieben. Zu erwähnen bleibt, dass diese zahlreichen Charaktere, wie sie in keiner realen Sitcom vorkommen (vor Allem aus finanziellen Gründen), gerade in den letzten Staffeln immer mehr an Format und Substanz gewonnen haben. War es anfänglich noch Bart, auf den sich die kreative Konzentration richtete, verschob sich die Intensität bald auf seinen glatzköpfigen Vater Homer, von wo aus sie mittlerweile auf die ganze Stadt übergeschwappt ist. Das heißt nicht, dass die *Simpsons* in irgendeiner Form zu Nebenfiguren degradiert wurden, ganz im Gegenteil, die gesamte Einheit von Familie und Kom-

---

sons: Episode 6 – *Moaning Lisa* 11.29.1990 (Episode 4 – *Lisa bläst Trübsal* 04.10.1991).

[98] Gruteser, Michael: *Family Ties*, In: Gruteser, Michael u. A.: *Subversion zur Prime-Time*, a. a. O., S. 73.

[99] Ist ein Spielzeug auf das gemalt oder geschrieben werden kann. Jederzeit kann das Gemalte oder Geschriebene wegradiert werden und neu begonnen werden. Maggie benutzt eines im Einkaufszentrum und schreibt ihren Namen, wobei Homer daraufhin sehr unzeremoniell ein Kriegsspielzeug drauflegt und somit dem großen Moment ein herbes Ende bereitet. In: The Simpsons: Episode 95 – *Lisa vs. Malibu Stacy* 17.02.1994 (Episode 92 – *Lisa kontra Malibu Stacy* 13.05.1995).

mune trägt zu einer authentischeren Darstellung und inhaltlich runderen Narration bei, die dem Zuschauer nicht nur mehr Gesprächsstoff liefert, sondern ihm auch eher das Gefühl vermittelt, Bewohner dieser Springfieldschen *Simpsographie* zu sein. Da versteht es sich von selbst, dass einem Krusty der Clown, Apu Nahasapeemapetilon, der Kwik'E'Mart Betreiber, oder Lovejoy, der Pastor oder Moe (`s Taverne) usw. nicht nur dem jeweiligen Namen nach ein Begriff sind, nein, familiäre Situationen, Probleme oder Schicksale derer sind genauso Bestandteil der Serie geworden, wie die der *Simpsons*.

5 SIMPSOMANIE – Kontroversen der Gesellschaft

Controversy has never been far away from The Simpsons.

Brian Peterson, 1996[100]

In diesem Abschnitt möchte ich mich den Kontroversen der amerikanischen Gesellschaft widmen, wie sie durch die *Simpsons* in familiärer und religiöser Hinsicht ausgelöst werden, aber auch anhand der Serie verdeutlicht werden können. Dass *Die Simpsons* die humorvollste, gelbste und beste Fernsehsitcom aller Zeiten ist, steht für einen Großteil der sich mit ihnen auseinandersetzenden Autoren ohne Zweifel fest. Sie ist die Serie der Superlative. Sie ist allerdings auch, und darauf baut das nächste Kapitel auf, die Serie, deren Erfolg zu rigorosen Empörungsanfällen von Amerikanern führte, die der Serie nichts Gutes wünschen. Traditionalisten, Moralapostel und Konservative sorgen seit den *Simpsons*chen Anfängen für eine Debatte, die die Gemüter Amerikas spaltet.

Hier wird einer Familie Einzug in amerikanische Wohnzimmer und Kinderzimmer gewährt, die scheinbar gestörter kaum sein könnte. Sie verweigert sich offenbar jedem noch so erstrebenswerten Aspekt moralischer Vollkommenheit, was doch eigentlich so gerne, ja fast paranoid, von der amerikanischen Mittelklasse idealisiert und/oder gelebt wird. Nein, nicht bei den *Simpsons*, oder doch? Biertrinkender Vater mit Hang zu Familienfehden, naives Hausmütterchen, scheinbar hoffnungsloser Rüpel/Fall von Sohn und eine Tochter mit Verstand – klingt irgendwie (nicht) sehr nach etwas Extraordinärem. Doch das kontroverse Ränkespiel von *Anarchie* und *Blasphemie* schreienden Kritikern der Serie einerseits sowie *Bravo* und *Brillant* jubelnden Befürwortern der Serie andererseits existiert seit mehr als 14 Jahren.

Neben der familiären und der religiösen Ebene bewegen sich die *Simpsons* auch noch auf einer weiteren kontroversen Ebene, die

---

[100] Peterson, Brian: *And on the Seventh Day Matt Created Bart*, Loaded Magazine Artikel, August 1996.

hier behandelt werden soll. Einerseits gelingt es ihnen, sich der Kulturindustrie mit ihrem kommerziell gesehenen und selbst produzierten Massenwahn entgegenzustellen und sie zu verspotten, andererseits verkörpern und inspirieren sie einen Markt von *Simpsons*artikeln, der seinesgleichen sucht. Er ist wohl leicht mit Hollywood-kreierten Kommerzphänomenen vergleichbar, wie es die Figuren von Star Wars seit mehr als einem Viertel Jahrhundert und die Dinosaurier von Jurassic Park seit einer Dekade sind.

5.1 Das familiäre Springfield

> *We may not always like what we see there*
> *- this tends to happen with mirrors - but we can still learn from it.*
>
> Paul A. Cantor, 2003[101]

5.1.1 Das amerikanische Bild der Familie

> *We're going to keep on trying to strengthen the American Family.*
> *To make them more like the Waltons and less like the Simpsons.*
>
> George Herbert Walker Bush, 1992[102]

Das ambivalente Verhalten von Affirmation und Demontage ist laut Rauscher kennzeichnend für die gesamte Serie. Dies ist ebenfalls entscheidend für den in der Öffentlichkeit so angestrengt rezipierten Begriff ‚*family values*', für den die *Simpsons* viel Spott aufbringen. Für sie ist nichts trügerischer als ein idealisiertes konservatives Familienidyll, dem sie sich auch gerne, dem Motto Barts entsprechend: *Underachiever ... and proud of it*, entziehen.

---

[101] Cantor, Paul A.: *Gilligan Unbound*, a. a. O., S. XXV.
[102] Aus einer Rede Bushs vor der *National Religious Broadcasters Association*. Eine Reaktion der *Simpsons*macher war, diese Rede in Episode 36 – Stark Raving Dad (Die Geburtstagsüberraschung) im *Simpsons*-Fernseher zu senden und Bart folgendes dazu sagen zu lassen: *Hey, we're just like the Waltons. We're praying for an end to the depression, too.* In Deutschland wurde die Szene allerding geschnitten. -- *The Waltons*, eine äußerst erfolgreiche amerikanische Familienserie in den 70er Jahre, zeichnete das ideale Bild der Familie nach, wobei sie in der Zeit der Depression spielt, weshalb die Familie herzzerreißende Szenarien durchleben muss.

Anfangs versuchen selbst die *Simpsons* noch das Idealbild der amerikanischen Familie nachzuahmen, wie sie es sehr eindrucksvoll in *There is no Disgrace like Home* (Eine ganz normale Familie) darstellen. *Hier ein kurzer (nicht vollständiger) Auszug während des Abendessens und unmittelbar anschließend:* [103]

> Homer: Sometimes I think we're the worst family in town.
> Marge: Maybe we should move to a larger community.
> Homer: D'oh!
> Bart: Don't have a cow, Dad.
> Lisa: The sad truth is, all families are like us.
> Homer: Well there's only one way to find out.

Homer nimmt die Familie mit auf eine Exkursion in die Nachbarschaft, wo sie sich verschiedene Familien durch deren Wohnzimmerfenster anschauen:

> *Fenster Nr. 1:*
> *Sie sehen eine Bilderbuchfamilie beim Abendessen.*
> Homer: Look at that, kids! No fighting, no yelling.
> Bart: No belching.
> Lisa: Their dad has a shirt on!
> Marge: Look! Napkins!
> Bart: These people are obviously freaks.
> *Fenster Nr. 2:*
> Homer: Let's see what's behind door number two.
> *Sie sehen eine Familie, die darüber spricht, dass draußen ein Geräusch zu hören war, was die Simpsons aber nicht hören können.*
> Marge: They actually enjoy talking to each other.
> Vater im Haus zum Sohn: Better get the gun.
> *Plötzlich steht der Mann in seiner Eingangstür und schießt in Richtung Simpsons, die daraufhin flüchten und schließlich zu einem dritten Haus kommen.*

---

[103] In: The *Simpsons*: Episode 4 – *There's No Disgrace Like Home* 28.01.1990 (Episode 1 – *Eine ganz normale Familie* 13.09.1991).

Fenster Nr. 3:

Bart: Whoa! Look at this place, what a dump!

Homer: It's worst than you think, heh heh heh. I just trampled this poor sap's flower bed.

Marge: Homer, this is our house.

Daraufhin verkauft Homer gegen den Protest der anderen Familienmitglieder den Fernseher, um eine Familientherapie bezahlen zu können, die widersinnig fehlschlägt. Alle, selbst Maggie, sind per Stromkabel miteinander verbunden. Sie können per Knopfdruck den anderen schmerzhafte Stromschläge zufügen, wovon alle reichlich Gebrauch machen, bis die ganze Stadt einen Stromausfall erleidet. Die Therapie schlägt fehl, aber, amerikanischen Werbestrategen sei Dank, trotzdem freuen sich die *Simpsons*, denn der Therapeut zahlt bei fehlgeschlagener Behandlung, und für den Beweis brauchen die *Simpsons* nur ein paar Minuten, das doppelte zurück. Somit ist ein neuer größerer Familienfernseher im Budget. Trotz des therapeutischen Fehlschlages schweißt die Situation die Familie zusammen und Lisa stellt richtig fest: „It's not the money. It's the feeling that *we* earned it."[104] Die *Simpsons* zeigen anschaulich, dass *sie*, und damit rezitiere ich eine heutzutage häufig medienwirksam verwendete Phrase, *sie selbst sind*. Sie wollen keinem Ideal entsprechen, sondern einfach nur die *Simpsons* sein. Selbst Disneys moralisches Urgestein, die singende Vorzeige-Nanny Mary Poppins, hat in einer ihr gewidmeten Persiflage als Shary Bobbins keine Chance. Sie fliegt in der Episode *Simpsoncalifragilisticexpiala–D'oh–cious* aus dem Haus, wobei die *Simpsons* einmal mehr geschlossen einer Meinung sind.

Shary: But haven't I taught you people anything?

Homer:Nope!

Lisa: Nope!

Bart: Nope!

Marge: Nope!

---

[104] In: The *Simpsons*: Episode 4 – *There's No Disgrace Like Home* 28.01.1990 (Episode 1 – *Eine ganz normale Familie* 13.09.1991).

Maggie: schüttelt den Kopf.[105]

Am Ende konnten sie sich nur einig sein, denn es ist offensichtlich, dass sie nicht nur nichts gelernt haben, sondern auch nichts lernen wollten, geschweige denn sich ändern. Zuckergussglasierte Disneyuntehaltung, die im Wesentlichen die Tränendrüsen bedient und ein realitätsfremdes Familienidyll konstruiert und vermittelt, wird hier nicht nur entlarvt, sie wird gnadenlos demontiert.

Im amerikanischen Kontext hat der Begriff *Familie* keine uniforme Konnotation. Er wird vielfältig genutzt, wobei Variationen unterschiedlichster Gebrauchsebenen existieren. So ist der Begriff gehaltvoll genug, auch für Beziehungen zu völlig fremden Menschen zu stehen. Gerade die Populärkultur zeigt immer wieder, wie sich solche Gebrauchsebenen äußern können. Evelyn Couch (alias Kathy Bates) freundet sich in *Fried Green Tomatoes* (*Grüne Tomaten*) mit einer alten Dame Ninny Threadgoode (alias Jessica Tandy) an, die Evelyn dazu inspiriert, ihr Leben endlich in die eigenen Hände zu nehmen. Als Evelyn möchte, dass Ninny mit ihr und ihrem Mann Ed leben sollte, lehnt dieser lautstark ab: „She`s not even *family*!" worauf Evelyn sagt: „Well, she is *family* to me!" Hier wird beispielhaft deutlich, wie unterschiedlich definierbar der Begriff ist.[106] Oft sind es auch Freunde, Arbeitskollegen oder sogar Tiere, die als Familie bezeichnet werden. Eine klare Definition kann es eigentlich nicht geben, da der Begriff viel zu weitflächig anwendbar ist. Doch wenn die konservative Seite der Amerikaner von *family values* spricht, dann steht eindeutig fest, dass sie in traditioneller Werteorientierung Blutsverwandtschaft, Heirat oder Adoption voraussetzen. Da fallen unorthodoxe, gar unmoralische Verbindungen aus der Reichweite des Begriffs. Natürlich ist eine Mann – Frau – Kind Gemeinschaft die traditionelle Variante einer Familie, die wohl jedem als erstes einfällt. Das lässt sich auch bei den *Simpsons* feststellen. Da gibt es einen Vater, eine Mutter und 2 1/3 Kinder. Eine perfekte Kombination, die jeden amerikanischen noch so konservativen Tra-

---

[105] The *Simpsons*: Episode 166 – *Simpsoncalifragilisticexpiala–D'oh–cious* 07.02.1997 (Episode 185 – *Das magische Kindermädchen* 21.10.1998).
[106] Vgl.: Newman, David M.: *Sociology of Families*, Pine Forge Press, Thousand Oaks – London – New Delhi, 1999, Issue 1.

ditionalisten doch zufrieden stellen müsste. Dem ist allerdings nicht so, im Gegenteil. Die Ideen solcher Moralhüter sind da weitaus enger gestrickt und orientieren sich an Akzeptierbarkeit und Normkompatibilität, denn das umfasst alles Erstrebenswerte und auch Lobenswerte der Familie. Nicht inbegriffen ist alles Abnormale, Asoziale und einfach Missbilligungswerte, weil es problembehaftet oder regelkonträr ist, weshalb Familientherapie eine vermehrt genutzte gesellschaftliche ‚Errungenschaft' der Amerikaner ist. Aber nicht nur die von konservativer Seite vertretenen Werte, die sich schon anschaulich hinter Fenster Nr. 1 offenbart haben, beeinflussen die Vorstellungskraft der Menschen, was denn nun eigentlich die Norm ist oder sein sollte. Genauso sind es populärkulturelle Institutionen, die *family values* vermitteln, nach denen zu streben es sich ihrer Meinung nach lohnt. Bücher, Zeitschriften, Fernsehen und Kino machen die Erkennbarkeit der traditionellen Familie allgegenwärtig und führen den Menschen dieses Bild suggestiv vor Augen. Das soll nicht heißen, dass die Populärkultur keine Alternativen kennt, selbst produziert und pflegt. Aber auf jeden Fall, und dies stellt auch Groening fest, „[...] in der Politik sind wir zumindest in Amerika ziemlich nach rechts gerückt und konservativ geworden. Dazu möchte ich eine Alternative geben. Ich habe die Nase gestrichen voll."[107] Gerade das oben beschriebene Meinungsbild einer typisierten Familie, die mit Bilderbuchcharakter einem trügerischen Idyll nachhängt, gilt Groenings Aversion. Dass zahlreiche Amerikaner die Familie samt ‚Stars and Strips' und Apple Pie mit Gott auf eine Stufe stellen, ist auch für Lawrence E. Mintz eine eher zum Schmunzeln anregende Ikonisierung.[108] Ma und Pa Walton, John-Boy und seine sechs Geschwister werden, wie schon erwähnt, von Ex-Präsident Bush als Familienideal favorisiert und daher propagiert, was an einen weihnachtlichen Wunschzettel erinnert.[109] Doch

---

[107] Interview mit Matt Groening im Jetzt-Magazin der Süddeutschen Zeitung, 4 Sep. 2000, S. 26.

[108] Vgl.: Mintz, Lawrence E.: *American Humor Looks at Family Values*, In: Freese, Peter, Michael Porsche (Hrsg.): *Popular Culture in the United States*, a. a. O., S. 115.

[109] Siehe dazu auch: Noel Holston Newsday-Artikel, wo er u. a. folgendes in Bezug auf Bushs Kommentar schreibt: "[...] family for family, we're at least

seine Meinung teilen viele. So bezeichnet Josh Ozersky die *Simpsons* zusammen mit den *Conors* (Roseanne) und *Bundys* (Married...with children) als "anti-families"[110]. Die Ironie und der sarkastische Humor dieser Serien würden den Einfluss des Fernsehens vergrößern und damit den Eindruck, den die amerikanische Öffentlichkeit von sich selbst hat. „The myth of the family is supported most aggressively by our political and religious rhetoric, but it has considerable support in the popular culture as well."[111] Mintz spricht das Paradox an, welches sich in der institutionell-übergreifenden Übereinstimmung eines festen traditionellen Familienbildes zeigt, obwohl gleichzeitig ein Absinken des familiären Status festzustellen ist, nämlich „[...] in favor of day-care, professional lessons, schooling, television, and peer culture."

Laura Oswald stellt in ihrer Abhandlung über die amerikanische Familie zwei Modelle einander gegenüber: zum Einen, das der 1960er Jahre und zum Anderen, das des neuen Jahrtausends. Dabei stellt sie den mythischen Begriff der Familie bloß, wie er in den 60er Jahren märchenhaft existierte als die Gesellschaft vor Konflikten und Widersprüchen in der Realität lieber die Augen verschlossen hat und ein idealisiertes Wunschdenken aufrechterhielt. Damals hielt eben auch die Populärkultur dieses Bild der Familie hoch, was Oswald mit „white, suburban, married, two-parent couple with children"[112] gleichsetzt. Die Massenmedien favorisierten also das binäre Konstrukt der *nuclear family*, wobei sozial entscheidend war, ob man dazugehörte oder nicht. „Families that were different because of race, sexual preference, divorce, or some other factor

---

as much like Bart and his folks as we ever were like John-Boy's idealized clan." In: Holson, Noel: *A Homeric Odyssey*, Newsday, 27. April 2003. In: The Simpson Archive <www.snpp.com/other/articles/homeric.html>, (wie gesehen am 18. Dezember 2003).

[110] So zitiert in: Dalton, Lisle, Eric M. Mazur und Monica Siems: *Homer the Heretic and Charlie Church – Parody, Piety, and Pluralism in The Simpsons*, In: Mazur, Eric M., Kate McCarthy: *God in the Details*, a. a. O., S. 232.

[111] Mintz, Lawrence E.: *American Humor Looks at Family Values*, a. a. O., S. 116.

[112] Oswald, Laura: *Branding the American Family*, In: Journal of Popular Culture, Fall 2003, Vol. 37, S. 312.

were simply not represented; they were outside the dominant ideal of family."[113]

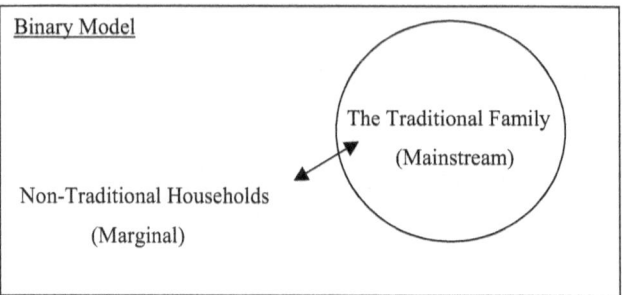

The Family Myth circa 1960 - Laura Oswald:
Branding the American Family, S. 313.

Am Beginn des neuen Jahrtausends sieht Oswald aber eine entscheidende Veränderung. Der Vergleich macht deutlich, dass die monolithische Ordnung der Familie durch eine pluralistische Ordnung ersetzt wurde:

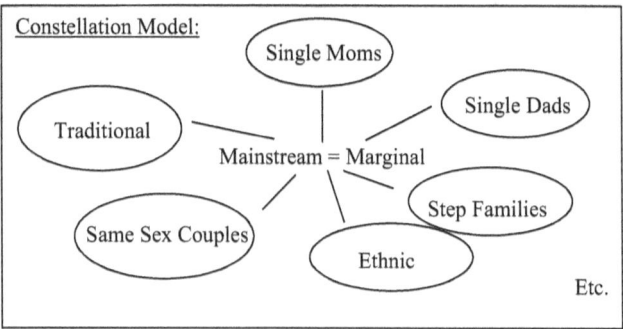

Deconstructing the Family Myth circa 2000 - Laura Oswald:
Branding the American Family, S. 314.

Dass sich das angenommene und vielseitig immer noch vertretene oder gewünschte Idyll als Fantasterei entpuppt hat, wird hier sichtbar. Familie lässt sich somit in einen weiten Rahmen fassen, der auch Nicht-greifbares in sich vereint, wie z.B. „commitment, mutual

---

[113] Oswald, Laura: *Branding the American Family*, a. a. O.: S. 312.

support, personal growth and health."[114] Dabei stellt Stephanie Coontz passend fest: „The biggest problem is not that our families have changed too much, but that our institutions have changed too little."[115] Weder die fantasiebelastete Familienidylle der 60er Jahre noch die gleichaltrigen, einem trügerischen Ideal nachhängenden Werke Norman Rockwells, wobei hier eindeutig seine Schaffensperiode vor den 70er Jahren gemeint ist, können der aktuellen Familienrealität standhalten, auch wenn es von offizieller und vor Allem konservativer Seite gewünscht wird.

Des Umgangs mit solchen Mythen der Gesellschaft nimmt sich auch Groening an. In *Lisa the Iconoclast*[116] wird Jebediah Springfield, der Held und Stadtgründer und nebenbei von Lisa als ein mörderischer Verräter und Lügner Entlarvte – was sie aber für sich behält, in der Pose des freidenkenden Mannes, gleich dem Bild "Freedom of Speech" von Norman Rockwell, gezeigt. In dieser Folge geht es zwar um die Darstellung eines starken Amerikas mit dem Recht auf freie Meinungsäußerung, dennoch persifliert die Rockwelladaption auch, wie er und andere ein idealisiertes Amerikabild geschaffen haben, dem auch das o.g. Familienidyll zugeordnet werden kann. Dagegen wollen die Macher ostentativ ein Zeichen setzen. „The *Simpsons* turns to the family as the source of value in life precisely out of a disillusionment with politics in general and national politics in particular."[117]

---

[114] Oswald, Laura: a. a. O.: S. 332.
[115] Coontz, Stephanie: *The American Family*, Life Ausgabe vom 1. November 1999, S. 79.
[116] The *Simpsons*: Episode 144 – *Lisa the Iconoclast* 18.02.1996 (Episode 139 – *Das geheime Bekenntnis* 21.11.1996).
[117] Cantor, Paul A.: *Gilligan Unbound*, a. a. O., S. 68.

5.1.2 Das amerikanische Bild der Familie à la Simpsons

*Take the worst-case scenario – The Simpsons –
and even that family is better than no family.*

Paul A. Cantor, 2001[118]

Barbara Bush hat in einem Interview des *People* Magazins im September 1990 gesagt, dass die *Simpsons* das Dümmste sind, was sie je gesehen hat. Daraufhin hat Marge ihr einen Brief geschrieben, um ihre Familie zu verteidigen. Mrs. Bush hat sich binnen zwei Wochen bei Marge, wohlgemerkt einer fiktiven Cartoonfigur, für „a loose tongue" entschuldigt.[119] George Bush, damals Präsident, hat seine schon erwähnte Aussage allerdings nie revidiert. Solch eine übergreifende und vor Allem weitreichende Diskussion hat bis dahin keine Serie hervorgerufen, wobei sich die Kritik nicht nur auf die politische Ebene beschränkt.

Fernsehkonsumenten, die sich einmal gegen diese Serie entschlossen haben, werden vermutlich auch nicht nach mehr als einer Dekade damit anfangen, die Serie anzuschauen, um eventuell das gefestigte Meinungsbild zu revidieren. Diane F. Alters veranschaulicht dies an Hand einer mit amerikanischen Familien gemachten Studie in *We Hardly Watch that Rude, Crude Show*,[120] wobei sie feststellt, dass amerikanische Familien ein sehr gespaltenes Verhältnis zu Homers Sippe haben. Da kommt es eben vor, dass Vater mit Sohn und Tochter die Serie lieben und keine Folge verpassen, während die Mutter eine vehemente *Simpsons*gegnerin ist. „I don't like the way they look. I don't like the way they sound. I'm not going to watch them. [...] I don't find it funny. I don't find it amusing. I don't find it socially uplifting."[121] Sie kann sich aber nicht mit ihrer oppo-

---

[118] Cantor, Paul A.: *The Simpsons: Atomistic Politics and the Nuclear Family*, In: Irwin, William u. A.: *The Simpsons and Philosophy – The D'oh of Homer*, a. a. O., S. 166.
[119] So zitiert in: *A Brief History of The Simpsons*, In: The *Simpsons* Archive – Website, <www.snpp.com/others/articles/briefhistory.html> (wie gesehen am 20. Okt. 2003), Fox 61, 1998.
[120] In: Stabile, Carol A., Mark Harrison: *Prime Time Animation*, a. a. O., S. 17.
[121] Susan Garcia, 44, (Familie mit 2 Kindern) eine der Interviewpartnerinnen von Diane F. Alters.

nenten Haltung durchsetzen. Andere sind zwar gegen die Serie, weil sie eine zu untraditionalistische Haltung der Familie idealisiert, können aber auch nicht verhehlen, von Zeit zu Zeit eine Folge zu schauen und herzhaft darüber zu lachen. „Occasianally we'll watch Bart Simpson. Occasionally there'll be a really funny show, but when they get crass, I'll turn it off."[122]

The Globe and Mail veröffentlichte im Juli 2000 eine von Spider Robinson geschriebene Rezension des damals vierten J. K. Rowlings Buches, Harry Potter and the Goblet of Fire, worin er u.a. folgende Charakteristika Harrys erkennt: „Okay, Harry himself is a bit of a goody-goody [...] in fact, let's admit it: Harry is the AntiBart."[123] Aber Eltern müssen sich nicht zwischen goody-goody und anti entscheiden, wenn sie doch immer auch den Charakter der kleinen Moralistin Lisa als Rohmodell für ihre Kinder wählen können. Die Simpsons lassen sich nicht auf bestimmte Charaktere festlegen. Sicher können ihre Eigenschaften separat beschrieben und rezensiert werden, doch sind sie am Ende immer eine Familie, die auf ihre eigene spezielle Art glücklich ist. Die Simpsons verkörpern figurativ menschliche Eigenschaften, wobei alle Charaktere, einschließlich aller Springfieldbewohner, exemplarisch wirken. Die engere Familie ist im Vorfeld schon ausreichend beschrieben worden. Aber in Springfield tummeln sich weit mehr als nur die Simpsons, die der Serie familiäre Substanz vermitteln. „Mittlerweile über dreißig elaborierte Charaktere – mehr als in jeder realen Sitcom – interagieren in Springfield und sorgen für eine angemessene Repräsentanz auch der kleinsten Minderheit, und seien dies jüdische Fernsehclowns."[124]

Um mit Diederichsen zu sprechen: Apropos jüdischer Fernsehclown, sein Name ist Hershel Krustofski, aber bekannt wurde er als Krusty. Er steht für den amerikanischen (Alp-)Traum, wie er wohl jeden treffen kann. Er hat sich nach ganz oben gearbeitet, war be-

---

[122] Sharon Hartman, 42, (Familie mit 3 Kindern) eine der Interviewpartnerinnen von Diane F. Alters.
[123] So zitiert in: Lawler, Lames: The Moral World of the Simpson Family, In: Irwin, William u. A.: The Simpsons and Philosophy, a. a. O., S. 147.
[124] Friebe, Holm: Philosophen in Gelb. Jungle World, Wochenzeitschrift, Nr. 32, 1997.

rühmt und beliebt, um dann auch ganz unten, verlacht und verspottet, zu landen. Dennoch, auf ein Tief folgt bei Krusty auch immer ein Hoch, dann wieder ein Tief usw. Er repräsentiert und lebt den amerikanischen, oft unberechenbaren Traum. Ob oben oder unten, eines verliert Krusty niemals, und das ist sein breites, herzerwärmendes Lachen, auch wenn es dem Clown nur aufgemalt ist.

Abe Simpson, Homers Vater, lebt im Altenheim und so gut wie niemand weiß, dass er ein Hochdekorierter Veteran des zweiten Weltkrieges ist, ein Ex-Kamerad von Mr. Burns und der Erfinder verschiedener Dinge, wie z.B. des Klosetts. Der Grund, warum niemand über Abe Bescheid weiß, ist, dass ihm nie auch nur irgendjemand zuhört. Er wird immer dann sofort alleingelassen, wenn er anfängt zu reden. Da suchen selbst sein Sohn Homer oder seine Enkelkinder das Weite.

Schuldirektor *Seymour Skinner* ist dem Titel nach eine Respektsperson, und Leute hören ihm auch zu, dennoch ist er konstantem Gespött und Streichen ausgesetzt, was vor Allem auch an der stadtbekannten Tatsache liegt, das der Toupet tragende Seymour noch bei/mit seiner überfürsorglichen Mutter in (s)einem Haus lebt.[125]

Ned Flanders, ein weiterer ganz spezieller menschlicher Charakter, ist der Nachbar der Familie Simpson. Er ist ein von Gott gesegneter, übermenschlich-gläubig lebender Christ, der seine zwei Söhne, Rod und Todd, dem Lied *Onward, Christian Soldiers* entsprechend zu eben solchen erzieht.[126]

Moe besitzt die Taverne, die zu Homers regelmäßig und auch am häufigsten besuchten Orten in Springfield gehört. Moes größtes Geheimnis ist sein Nachname, obwohl er ihn bei Nachfragen tatsächlich auch sagen würde: Szyslak. Allerdings würde er auch fra-

---

[125] In: The *Simpsons*: Episode 73 – *Brother from the same Planet* 04.02.93 (Episode 72 *Großer Bruder – Kleiner Bruder* 17.07.94) ist der Tafelspruch Barts: *The principal's toupee is not a frisbee*. Das lässt einen erahnen, weshalb Bart diese Strafe bekommen hat.
[126] In: The *Simpsons*: Episode 59 – *Brother, can you spare two Dimes* 27.08.92 (Episode 58 – *Der vermisste Halbbruder* 07.04.94).

gen, warum zum Teufel man das wissen möchte, denn Moe ist sehr leicht erregbar und verliert auch mal die Fassung. Als Barbesitzer gibt er nicht viel Persönliches preis. Er gehört dem Springfield Waffen Club an, was das Gewehr hinter dem Tresen erklärt, und ist ab und zu auf dem Schießplatz. Dass er eigentlich immer die gleichen Barbesucher hat, nämlich Homer, dessen besten Freund Barney und zwei Arbeitskollegen, stört auch weiter keinen, denn man munkelt, dass Moe noch Tantiemen aus seiner Zeit als Kinderstar im Fernsehen erhält. Er spielte in den 40er Jahren in *Our Gang Show* mit. Er war *the ugly kid*.

Apu Nahasapeemapetilon ist Amerikaner in spe und ebenfalls zu einer festen Instanz der Serie geworden. Apu ist der Besitzer des Kwik'E'Marts wo globale und lokale Welten aufeinander treffen. Der aus Indien stammende Hindu steht beispielhaft für die ethnische Vielfalt in Amerika. Er repräsentiert aber auch, laut Cantor, die Abhängigkeit der Seriencharaktere, und somit der Amerikaner, von eben solchen Immigranten, um sie mit ihren täglichen Bedürfnissen zu versorgen.[127]

Alle diese Figuren und noch viele mehr[128] symbolisieren den amerikanischen Alltag so, wie ihn Groening und mehr als 20 Autoren sehen. Sie verfälschen nichts und gehen nicht von einem Publikum aus, das gerne in ein Heile-Welt Vorabendprogramm gehüllt oder gar für dumm verkauft werden möchte. Neben all den anderen Handlungssträngen geht es in der Serie doch immer essentiell um die ‚klassische' Familie, allerdings nicht um das schon besprochene idealisierte und typisierte Bild eines Familienidylls. Reale menschliche Angelegenheiten, mit denen sich fast jeder augenblicklich identifizieren kann, sind Grundtenor der *Simpsons*. Damit erinnern sie in vielerlei Hinsicht oftmals weniger an einen Cartoon als andere reale Fernsehserien. Gerade die fiktiven Trickfiguren sind menschlicher,

---

[127] Cantor, Paul A.: *Gilligan Unbound*, a. a. O., S. 69.
[128] Friebe spricht von dreißig elaborierten Figuren, doch dem möchte ich widersprechen. Auch sporadisch auftretende Figuren sind bzw. können als elaboriert bezeichnet werden. Damit ergibt sich eine Liste, die mehr als 100 Figuren ergeben würde. Allerdings im engeren oder engsten Sinne, stimme ich der Zahl dreißig zu.

oft vielschichtiger und fassbarer gestaltet als Figuren in realen Sitcoms. Was die Serie aber unschlagbar macht, ist die über die Jahre perfektionierte, glaubhafte Darstellung einer menschlichen Gemeinschaft, *Springfield* – irgendwo in den USA. Wobei ich hier die Hypothese anhängen möchte, und dafür gibt es keinerlei Beweis oder gar Referenz, dass sich Matt Groening bei der Namensgebung an *Father Knows Best* orientiert hat. Die Stadt, in der die im 60er Jahre Idyll spielende Familiensitcom angesiedelt war, hieß ebenfalls Springfield. Gemessen daran, dass dies eine nach Ex-Präsident Bushs Vorstellungen akzeptable Familienserie war, liegt die Annahme nicht allzu fern.

Springfield ist eine Kommune, in die sich die *Simpsons* einfügen, wie sich Millionen anderer amerikanischer Familien in ihr ganz persönliches Springfield einfügen. Aus dem absoluten amerikanischen Durchschnitt (Familie mit 2 1/3 Kind) entstanden, zeichnen die *Simpsons* nur nach, was ihnen der Alltag bietet. Kritiker, die behaupten, dass viele Eltern und Kinder die *Simpsons* als Rohmodell sehen und sie eine Mitschuld am „[...] decline of *family values* in the United States [...]" haben, prallen an ihnen ab. Solchen Kritikern sei empfohlen, sich die Serie (noch) einmal etwas genauer anzuschauen und dabei den Kontext der Fernsehgeschichte mit einzubeziehen. Zwar lässt sich kaum verhehlen, dass die *Simpsons* oft auf slapstickreiche, sarkastische und zynische Art und Weise mit Dingen, wie *family values*, umgehen, aber es sollte nicht übersehen werden, dass sie am Ende doch affirmativ die Institution Familie zelebrieren.[129] Das sich das Fernsehen auch immer wieder bis heute auf *family values* im traditionellen Sinn zurückbesinnt, aber auch Alternativen darzustellen in der Lage war und ist, zeigt sich immer wieder.

Obwohl der Begriff Familiensitcom, wie er sich aus dem der ‚Domestic Sitcom' ableiten lässt, eher unzeitgemäß, weil traditionell konnotiert, wirkt, wird er weiterhin von Sitcom-Produzenten dargestellt. Die *Cosby Show* hat in den 90er Jahren genau das verkör-

---

[129] Vgl.: Cantor, Paul A.: *The Simpsons: Atomistic Politics and the Nuclear Family*, a. a. O., S. 160.

pert, wofür *Father Knows Best* in den 50er Jahren stand: eine idealisierte Familie. Der Unterschied ist, dass es sich in der 90er Jahre Serie um eine afroamerikanische Familie handelte, die ein absolut mustergültiges Mittelklasse-Leben führte und damit enormen Erfolg verbuchen konnte.[130] Dennoch hat auch die Populärkultur erkannt, dass sich der Begriff ‚Familie' nicht auf einen Nenner festlegen lässt, weshalb in den 90er Jahren Serien, wie *Seinfeld* und *Friends*, in denen diverse Singles beste Freunde sind, die sich doch immer wieder auch als ‚Familie' bezeichnen würden, überhaupt möglich waren.[131] Neben klassisch oder besser traditionell porträtierten Familien existieren seit geraumer Zeit auch solche u.ä. Alternativen, die eher dem allgemeinen nicht-ideologisierten Begriff der ‚Familie' entsprechen.

Oftmals wurden allerdings selbst Alternativen, wie zum Beispiel eine allein erziehende Vatergeschichte, auf ein *family values* gerechtes Maß ‚zurückbesetzt'. So geschehen in der *Andy Griffith Show* in den 60er Jahren. Andy Taylor ist Witwer, berufstätig und eigentlich allein erziehend, womit die Serie als Alternative in Frage kommt, wäre da nicht Tante Bee. Sie ist Andys Schwester und war damals prädestiniert, den leeren Platz der Mutter und der den Haushalt schmeißenden, weiblichen Rolle auszufüllen. Das Enfant terrible par excellence bildet aber die *Murphy Brown* der 90er Jahre. Wie Andy ist sie allein erziehend und berufstätig, dazu kommt ein großes Karriere- und Selbstbewusstsein. Ein Onkel Bee ist nicht existent. Wobei aber eben selbst für diese Serie einschränkend gesagt werden muss, dass ihr niemals fertig werdender Handwerker, Eldin, eine gewisse, wenn auch geringe, männliche Familienrolle ausübt, er allerdings ausdrücklich kein Familienmitglied ist und eher selten auftritt.[132] Im Prinzip tangieren alle bis jetzt erwähnten Situationskomödien auf die eine oder andere Art das Konstrukt der Familie. Sie mögen oft nicht dem traditionellen amerikanischen Model der *nuclear family*

---

[130] *Father Knows Best* → NBC 1954-1960.
[131] *Seinfeld* lief auf NBC 1989-1998 und *Friends* läuft seit 1994 auf NBC (aktuell läuft die letzte Staffel).
[132] *Muphy Brown* lief auf CBS 1988-1998.

entsprechen, doch spiegeln sie die Realität und nehmen meist keinen Modellcharakter für sich in Anspruch.

Ein weiterer Blick auf die amerikanische Fernsehgeschichte der *nuclear family* zeigt, dass die *Simpsons* das Rad nicht neu erfunden haben, als sie *family values* in ihr Konzept aufnahmen. Andere Serien haben sich ähnlich, vor Allem schon vor ihnen, den Themen *Soziales* und *Politik* angenommen, wobei dabei die *family values* eine zentrale Rolle einnahmen und, wie Cantor feststellt, seit dem auch in die Programme der beiden politischen Parteien der USA aufgenommen wurden und intensiv propagiert werden. So ist die Sitcom *Married with Children* bereits 1987 auf Sendung gegangen.[133] Sie porträtierte bereits zwei Jahre vor den *Simpsons* eine absolut *dysfunctional family*, nämlich die Bundys, und damit das, was Kritiker den *Simpsons* immer wieder vorwerfen.[134] Dass sie damit bei den *Simpsons* offene Türen für weiteren Sarkasmus einrennen, sollten sie über die Jahre gelernt haben. Für Cantor ist das wohl wichtigste und interessanteste Überlebensmerkmal der *Simpsons*:

> [...] the way it combines traditionalism with anti-traditionalism. It continually makes fun of the traditional American Family. But it continually offers an enduring image of the nuclear family in the very act of satirizing it. Many of the traditional values of the American family survive this satire, above all the value of the nuclear family itself.[135]

Interessant ist die schon eingangs zitierte Vorstellungsgabe Cantors, dass selbst das schlimmste Szenario, nämlich die *Simpsons*, immer noch besser sei, als keine Familie zu haben. Er verdeutlicht, aus welch nobler Gesellschaft sich so mancher Simpson derivieren lässt. Respektlosigkeit gegenüber Autorität und rebellisches Verhalten sind seiner Ansicht nach grundlegend für die Entstehung Amerikas. Bart Simpson ist:

---

[133] *Married with Children* lief 1987-1997 auf FOX.
[134] Es lässt sich nicht feststellen, wer diesen Begriff geprägt hat. Er wird vielfältig im Kontext mit den *Simpsons* oder aber auch mit den *Bundys* gebraucht.
[135] Vgl.: Cantor, Paul A.: *The Simpsons: Atomistic Politics and the Nuclear Family*: a. a. O., S. 165.

[...] an American icon, an updated version of Tom Sawyer and Huck Finn rolled into one. For all his trouble-making --precisely because of his trouble-making-- Bart behaves just the way a young boy is supposed to in American mythology, from *Dennis the Menace* comics to *Our Gang* comedies.[136]

Den Kritikern weiterhin widersprechend müssen Marge und Lisa noch mit einbezogen werden. Sie sind zweifelsohne keine schlechten menschlichen Beispiele. Marge füllt die Rolle der Mutter und Haushälterin. Ihre feministische Seite darf sie zwar selten, aber doch ab und zu, zeigen. Lisa ist wiederum das Gewissen der Familie. Sie ist in vielerlei Hinsicht genau das Ideal, das so viele Kritiker in der Serie vermissen. Schulische *Overachieverin*, Feministin, Vegetarierin, Umweltschützerin sind nur einige der ihr gerecht werdenden und von ihr gepflegten Attribute.

Homer ist dagegen zuallererst und hauptsächlich: präsent. Dies übersehen viele seiner Kritiker und konzentrieren sich auf Attribute, wie: dumm, charakterschwach und, wenn es um Moral geht, prinzipienlos. Damit haben sie völlig recht. Das ist aber auch gewollt. Er ist nämlich kein großartiger Vater, aber er ist für Marge und die Kinder, seine Familie, immer da. Marge sagt einmal zu Homer: „Ich hasse dich nicht, weil du versagst, ich liebe dich, weil du es immer wieder versuchst."[137] Das wird besonders in Situationen deutlich, in denen sich Homer völlig selbstlos einsetzt für ein Familienmitglied. In *Lisas Pony*[138] wird Lisa einmal mehr von ihrem Vater enttäuscht. Marge empfiehlt ihm mehr *Quality Time*[139] mit Lisa zu verbringen, was aber kläglich scheitert. Homers Idee ist es dann, ihr das Pony zu schenken, was sie sich schon sehr lange wünscht. Marge ist aus finanziellen Gründen dagegen, doch Homer nimmt einen Kredit auf und kauft ein Pony. Nun verbessert sich zwar das Verhältnis Ho-

---

[136] Vgl.: Cantor, Paul A.: *The Simpsons: Atomistic Politics and the Nuclear Family*: S. 166.
[137] The *Simpsons*: Episode 164 – *The Twisted World of Marge Simpson* 19.01.1997 (Episode 160 – *Marge und das Brezelbacken* 06.11.1997).
[138] The *Simpsons*: Episode 43 – *Lisa's Pony* 07.11.91 (Episode 43 – *Lisas Pony* 19.01.93).
[139] ‚Quality time' ist die in Amerika gern gebrauchte Phrase, die benutzt wird, wenn jemand die Beziehungen innerhalb der eigenen Familie zu intensivieren sucht oder diese beschreibt.

mer-Lisa erheblich, und sie ruft ihn sogar an seinem Arbeitsplatz an, um ihm *I love you, dad* zu sagen, doch die Familie gerät darüber in eine finanzielle Misere, denn die monatlichen Unterhaltkosten für ein Pony sind, zu Homers Überraschung, enorm hoch. Durch Zufall bekommt Homer aber einen Nachtjob im Kwik'E'Mart und versucht so per Zweitjob, die Finanzen zu bessern. Natürlich ist die ganze Angelegenheit von vornherein zum Scheitern verurteilt. Denn anfänglich hatte Homer, den durch die Doppelschichten entstehenden, akuten Schlafentzug noch lapidar abgetan, was sich aber schnell als gravierender, sogar lebensgefährlicher Irrtum herausstellt. Die Erlösung aus dem sich rapide verschlimmernden Erschöpfungszustand bringt schließlich Lisa, die, den Versuch ihres Vaters anerkennend, ihr Pony zurückgibt. Einmal mehr hat Homer Treue, Pflichtbewusstsein und nicht zuletzt Liebe seiner Familie gegenüber bewiesen. Er scheut keinerlei Mühen seine Familie zu verteidigen und zusammenzuhalten.

> Homer is the distillation of pure fatherhood. Take away all the qualities that make for a genuinely good father –wisdom, compassion, even temper, selflessness—and what you have left is Homer Simpson with his pure, mindless, dogged devotion to his family.[140]

Auf einfach gestrickte aber wichtige Weise kann ihm als Vater durchaus das Prädikat *gut* verliehen werden, denn Homer gibt niemals auf, es wenigstens zu versuchen. Was auch weiterhin die väterlichen Merkmale des schon im Ehebund geschlossenen *durch dick und dünn* Versprechens spiegelt und einen guten Familienvater ausmacht, ist Homers simple, aber doch auch anerkennenswerte Lebensphilosophie: *My family, right or wrong!*

---

[140] Vgl.: Cantor, Paul A.: *The Simpsons: Atomistic Politics and the Nuclear Family*: a. a. O., S. 168.

5.2 Das religiöse Springfield

> The Simpsons is not dismissive of faith,
> but treats religion as an integral part of American life.
>
> William Romanowski, 1996[141]

... *und dann teilten sich die Wolken und Gott schaute auf Springfield* könnte eigentlich dem Buch Genesis entnommen sein, denn diesen Eindruck vermittelt die Serie schon in den allerersten Sekunden, dann nämlich, wenn der Serientitel zu Engelschören hinter sich teilenden Wolken erscheint und der Blick Gottes respektive des Zuschauers von oben herab direkt ins Stadtzentrum gezoomt wird.

Gemessen an der geringen wissenschaftlichen Rezeption, ausgenommen die sich thematisch oft ähnelnden wissenschaftlichen Artikel, ist es doch erstaunlich, dass ausgerechnet die religiösen Aspekte der Serie Anlass für ein ganzes Buch, *The Gospel According to The Simpsons*, gegeben haben. Damit beschäftigen sich, dem aktuellen Stand nach zu urteilen, ein Drittel aller wissenschaftlichen Werke, die sich ausschließlich dieser Serie widmen, mit der religiösen Seite Springfields. Da ich in der Einleitung schon verraten habe, dass aktuell nur ganze drei Werke auf dem deutschsprachigen und englischsprachigen[142] Markt erhältlich sind, verwundert dies natürlich nicht weiter. Es ist aber eigentlich auch völlig unerheblich, ob nun insgesamt 3 oder 30 publizierte Bücher existieren. Der Fakt, dass es einen einzigen Wissenschaftler, nämlich Mark I. Pinsky, gibt, der sich exklusiv den religiösen Aspekten der *Simpsons* widmet und damit einen weiteren für die Serie relevanten Blickwinkel ausmacht und eröffnet, ist Grundlage genug, selbst auf religiöse Spurensuche in Springfield zu gehen. In keiner anderen Sitcom der

---

[141] So zitiert in: Pinsky, Mark I.: *The Gospel According to The Simpsons*, Westminster John Knox Press, Louisville – London 2001, S. 8.
[142] Wobei hier einschränkend gesagt werden muss, dass für den Herbst/Winter 2003/2004 zwei weitere Bücher angekündigt wurden, die aber zunächst auf dem US-amerikanischen Markt erhältlich sind, weshalb sie nicht mehr für diese Arbeit genutzt werden konnten. *The Simpsons and Society* von Steven Keslowitz und *Leaving Springfield* von John Alberti

90er Jahre[143], ob nun real oder animiert, gab und gibt es, nicht einmal annähernd, diese Fülle an spiritualer Substanz, die an vielen der zu meisternden Lebenslagen und Situationen in der Serie, wie im realen amerikanischen Counterpart auszumachen ist. Eine Umfrage von 1994 fand heraus, dass „the portrayal of religion on primetime television was 'a rather invisible institution'".[144] Oft beziehen sich Sitcoms nur durch Serienbedingte Vorkommnisse, wie Hochzeiten oder Todesfälle, auf kirchliche Einrichtungen, was vermuten lässt, dass ihnen das Eisen zu heiß ist. Oder aber sie thematisieren es kurzzeitig, was aber auch selten vorkommt. So z.B. in *Roseanne* geschehen, denn als D. J., Roseannes Sohn, seine Mutter fragt, ob die Familie an Gott glauben würde, bejaht sie dies zunächst, winkt aber gleichzeitig ab, da sie es ja nicht praktizieren würden. Damit hat sich diese Sitcom weit aus dem Fenster gelehnt, auch wenn sie nur ausgesprochen hat, was für Millionen Amerikaner zutrifft. Dennoch bleibt dies die Ausnahme. „Television generally acts as if religion played little or no role in the daily lives of Americans, even though the evidence points to exactly the opposite conclusion."[145] Produzenten verzichten auf die Darstellung religiöser Thematik, weil sie entweder ihr orthodoxes Publikum nicht gegen sich aufbringen wollen, oder aber aus Angst vor der Macht religiöser Gruppen, die in den USA durchaus in der Lage sind, ihre Anhänger zum Boykott aufzurufen. So wird der Disney Konzern seit 1996 von den Southern Baptists boykottiert. Die Southern Baptist Convention, kurz SBC, hat alle Mitglieder, und das sind approximativ 16,1 Millionen Amerikaner, zwar nicht wörtlich zum Boykott aufgerufen, hat aber eine Resolution verabschiedet, die den Mitgliedern nahe legt: „to consider whether they should be doing business with Disney." Dies

---

[143] William u. A.: *The Simpsons and Philosophy*, a. a. O., S. 170. – Hier sind tatsächlich auch nur Sitcoms gemeint, da Familienserien, wie *7th Heaven* (seit 1996 – WB) oder *Touched by an Angel* (1994-2003 – CBS) sich durchaus und hauptsächlich mit religiösen Aspekten des Lebens beschäftigen und dabei auch keineswegs kritisch sind, sondern vornehmlich klischeehaft das religiöse Leben darstellen, wie es eher einer utopischen Wirklichkeit entspricht.

[144] Pinsky, Mark I.: *The Gospel According to The Simpsons*, Westminster John Knox Press, Louisville – London 2001, S. 36.

[145] Irwin, William u. A.: *The Simpsons and Philosophy*, a. a. O., S. 171.

schließt alles ein, auf dem Disney steht oder mit dem Konzern verbunden ist. Also nicht nur Fernsehsendungen oder Disney Kinofilme, nein, auch die verschiedenen Disneylands und vor Allem auch die Produktpalette in den zahlreichen Geschäften des Konzerns. Disney hat sich nach Meinung der SBC damit schuldig gemacht, „gay and lesbian theme nights in its parks" zu veranstalten, sowie das Buch „Growing up Gay: From Left Out to Coming Out" zu publizieren, welches sich explizit an Jugendliche wendet. Damit widerspräche Disney, wie es Dr. Merritt, Vice-President for Convention Relations der SBC, bei einer Diskussionsrunde mit Studenten im Herbst 2002 in Nashville bestätigte, den fundamentalen Grundsätzen des Glaubens der Southern Baptists. [146] Dass sie damit eine exklusive Gemeinschaft sind, die eher einem Club gleicht als einer Kirche, finden sie akzeptabel.

Umfragen ergeben immer wieder, dass die meisten Amerikaner sich als religiös bezeichnen, wovon wiederum der Hauptteil sich mit dem christlichen Glauben identifiziert. Durch eine Analyse dieser verschiedenen Umfragen hat William D. Romanowski in seinem 2001 publizierten Buch *Eyes Wide Open* herausgefunden, dass zwei von drei erwachsenen Amerikanern, also ca. 67 %, eine persönliche Verbindung mit Jesus Christus eingegangen sind, die auch heute noch in ihrem Leben eine Rolle spielt. Aber wiederum nur 41 % dieser Amerikaner ist „absolutely commited", wogegen 44 % sich ihrem Glauben gegenüber als „moderately commited" bezeichnen. Sich als gläubig zu bezeichnen, scheint in Amerika oft eher ein Trend, als wahres religiöses Verständnis, wie es auch gerade durch die aktuelle Bushregierung propagiert und ausgenutzt wird. Das beweist u.a. der Fakt, das ganze zwei Drittel aller Amerikaner keine Ahnung haben, was der Begriff „evangelical"[147] überhaupt bedeutet. Romanowski kommt zu dem interessanten Schluss, dass zwar mehr als 80 % der Amerikaner glauben, die Bibel ist „the inspired

---

[146] Das Gespräch fand im Zuge einer Studienreise von Studenten der Universität Leipzig mit dem Thema "Religion in American Society" im Herbst 2002 statt, wobei u.a. Nashville, Washington D.C. und Boston Stationen waren und Gesprächsrunden mit verschiedene Konfessionen Teil der Reise waren.
[147] Das Evangelium betreffend, welches die Heilsbotschaft Christi ist, die, von vier Evangelisten geschrieben, Teil des Neuen Testaments ist.

word of God. But apparently they don't read it." Nur 20 % haben sie komplett gelesen, 17 % lesen täglich in der Bibel und ca. 50 % der Befragten lesen sie selten bzw. gar nicht.[148] Dafür glauben allerdings die meisten Amerikaner an die Macht der Gebete, was sich auch als besonderes Merkmal in den Charakteren der *Simpsons* spiegelt. Laut einer Gallup Umfrage von 1999 beten 90 % der Amerikaner, wovon 75 % dies täglich praktizieren. 52 % der Amerikaner sprechen immer oder regelmäßig ein Tischgebet,[149] wie es auch durchaus regelmäßig, allerdings in unterschiedlicher Qualität, bei den *Simpsons* der Fall ist: „Rub a dub, dub, thanks for the grub"[150] stammt aus Barts Mund, während „Good drink, good meat, good God, let's eat"[151] ein Beispiel Homers Gebetskunst ist.

Eine immer wiederkehrende Figur in den *Simpsons* ist der ‚John 3:16 Mann', der nie etwas sagt, aber immer dann kurz zu sehen ist, wenn es zu Menschenaufläufen kommt, wie z.B. in *Stark Raving Dad*. Hier erwartet eine große Menge direkt vor dem Haus der *Simpsons* die Ankunft von Michael Jackson. Einer der Wartenden ist der ‚John 3:16 Mann'[152], der daran zu erkennen ist, dass er ein Schild in die Luft hält, auf dem eben jenes steht. Während eines Footballspiels in *Cape Fear* schwenkt der ‚John 3:16 Mann' dieses Schild auf der Tribüne, wo auch andere Fanbanner zu sehen sind. Romanowski fand aber heraus, dass ca. 63 % der amerikanischen Bevölkerung nichts mit ‚John 3:16' in Verbindung bringen kann. Außerdem konnte gerade einmal die Hälfte, der sich als wiedergeborene Christen bezeichnenden Menschen eine Verbindung dieser Vorname-Zahlen Kombination zur Bibel aufbauen. Den Simpson-

---

[148] Vgl.: Romanowski, William D.: *Eyes Wide Open – Looking for God in Popular Culture*, Brazos Press, Grand Rapids 2001, S.26-27.
[149] Vgl.: Pinsky, Mark I.: *The Gospel According to The Simpsons*, a. a. O., S. 31.
[150] In: The *Simpsons*: Episode 4 – *There's No Disgrace Like Home* 28.01.1990 (Episode 1 – *Eine ganz normale Familie* 13.09.1991).
[151] Dieses Zitat satmmt aus der Episode *Eating Dinner*, eine der Shorts aus der *Tracey Ullman Show*: MG07 – *Eating Dinner* – 12. Juli 1987.
[152] John 3:16 (Johannes 3-16; ‚Gespräch mit Nikodemus') *Denn Gott hat die Welt so sehr geliebt, dass er seinen einzigen Sohn hingab, damit jeder, der an ihn glaubt, nicht zugrunde geht, sondern das ewige Leben hat.* In: *Die Bibel*, Katholische Bibelanstalt, Stuttgart 1980.

machern ist aber gerade die in Amerika selbst unter Präsidenten beliebte Praktik der christlichen Wiedergeburt aufgefallen, weshalb sie die Figur ‚John 3:16 Mann' in die Serie integriert haben.

Immerhin 81 % der Amerikaner glauben an den Himmel, und davon können sich auch 61 % vorstellen, dass dies ihr Bestimmungsort nach dem Tod ist. 63 % glauben auch an die Hölle, aber nur ein lächerliches Prozent glaubt daran, später dort zu landen. Es sind mehr als 40 % die davon überzeugt sind, dass es neben Petrus und Engeln auch Harfen und Heilige im Himmel gibt.[153] George Gallup Jr. stellt fest, und dies fasst die gefundenen Daten in einem Satz zusammen: „The stark fact is, most Americans don't know what they believe or why."[154]

Die Serie steht indirekt für ein Amerika, in dem die institutionalisierte Religion ihre autoritäre Position verloren hat und privat ausgedrückte Spiritualität die „popular religious culture" dominiert, wie es Dalton, Mazur und Siems ausdrücken. Sie werfen auch die Frage auf, ob die Serie die amerikanische Haltung gegenüber Religion reflektiert oder dieser erst Gestalt gibt. „Does television act as a mirror to show us ourselves as we really are, or as we ought to be? As the reaction to The Simpsons suggest, it is an important debate."[155] John W. Heeren widerspricht der Reflektionstheorie. Er hält die Serie eher für „a pop culture version of religion. As postmodernists say, it's a ‚copy of a copy'"[156] Der andauernden und wichtigen Debatte schließe ich mich an. Was Gestaltungs-, Reflektions- und Kopietheorie betrifft, möchte ich es mit den Worten Pinskys ausdrücken, der gesagt hat: „I am not so sure that when it comes to religion, faith, and prayer that The Simpsons shapes, reflects, or copies our [the American] attitudes; it may simply portray our practice." Wobei die Simpsonsche darstellerische Kraft des Betens im Grunde

---

[153] Vgl.: Romanowski, William D.: *Eyes Wide Open*, a.a.O., S.26-27.
[154] so zitiert in Romanowski, William D.: *Eyes Wide Open*, a.a.O.: S. 27.
[155] Dalton, Lisle, Eric M. Mazur und Monica Siems: *Homer the Heretic and Charlie Church – Parody, Piety, and Pluralism in The Simpsons*, In: Mazur, Eric M., Kate McCarthy: *God in the Details – American Religion in Popular Culture*, Routledge, New York – London 2001, S. 235.
[156] so zitiert in Pinsky, Mark I.: *The Gospel According to The Simpsons*, a.a.O., S. 36.

Aspekte der drei Nennungen, ‚Gestaltung, Reflexion und Kopie', gekonnt verbindet, ohne dabei belehrend oder abfällig zu agieren. „Intrinsic double aspect" nennt Cliford Geertz das kulturelle Produkt, das gleichzeitig "model *of* and model *for* reality" ist.[157]

„[...] while not at all dangerous or threatening to the status quo, [the *Simpsons*] is a sweet, funny show about a family as ‚real' as the faith lives of many Americans."[158] Die *Simpsons* rütteln keineswegs an den Grundfesten des religiösen Glaubens in Amerika. Den moralischen und dogmatischen Ansprüchen der Religion nehmen sie sich zwar satirisch an, wobei sie die Religion aber immer als Teil der amerikanischen Lebenseinstellung porträtieren. Fast 70 % aller Episoden beinhalten mindestens eine religiöse Referenz und 10 % behandeln zentral ein bestimmtes religiöses Thema. Dennoch, und hier schließe ich mich der Meinung Pinskys an, sind die *Simpsons* „not a television show about religion, [...] The *Simpsons* is a situation comedy about modern life that includes a significant spiritual dimension; [...]."[159] Auch Pinsky war als Autor religiöser Artikel für eine Tageszeitung überrascht, auf welche Art und Weise Religion in der Serie eine Rolle spielt. Pinsky, der erst 1999 durch seine eigenen Kinder anfing, der Serie regelmäßige Aufmerksamkeit zu schenken, war wie viele voreingenommen und glaubte der oft vertretenen negativen Reputation, ohne auch nur eine Folge gesehen zu haben. Er macht dadurch deutlich, was für viele Kritiker zutrifft, seien es nun Akademiker oder besorgte Eltern, die der Serie voreingenommen keine Aufmerksamkeit schenken. Dabei übersehen sie, dass diverse verschiedene religiöse Aspekte, wie etwa Gott, der Teufel, Moral, Bibel, Kirche, Engel, Himmel und Hölle, oder auch die Existenz unterschiedlicher Konfessionen, in der Serie auf unterhaltsame Weise besprochen und reflektiert werden.[160] Die *Simpsons*

---

[157] Vgl.: Dalton, Lisle, u.A.: *Homer the Heretic and Charlie Church*, a. a. O., S. 235.
[158] Pinsky, Mark I.: *The Gospel According to The Simpsons*, a. a. O., S. 181.
[159] Pinsky, Mark I.: *The Gospel According to The Simpsons*, a. a. O., S. 13.
[160] Vgl.: Bowler, Garry: *God and The Simpsons – The Religious Life of an Animated Sitcom*, eine wissenschaftliche Arbeit, die während des Seminars: *The Media and Family Values* im Oktober 1996 präsentiert wurde. Siehe

behandeln religiöse Gesichtspunkte genauso wie politische, populärkulturelle oder interkulturelle Gesichtspunkte, was sich anhand eines Vergleichs von vier Referenzlisten verdeutlichen lässt, die aus gezählten Zitaten (Kommentare, Dialoge), visuellen Darstellungen, Aufschriften u.ä., wie sie in der Serie vorkommen, bestehen. Die folgende Graphik bezieht sich auf Daten in *Religion on the Simpsons*, *Movie References*, *Presidents on the Simpsons* und *A Foreign Affair*.[161]

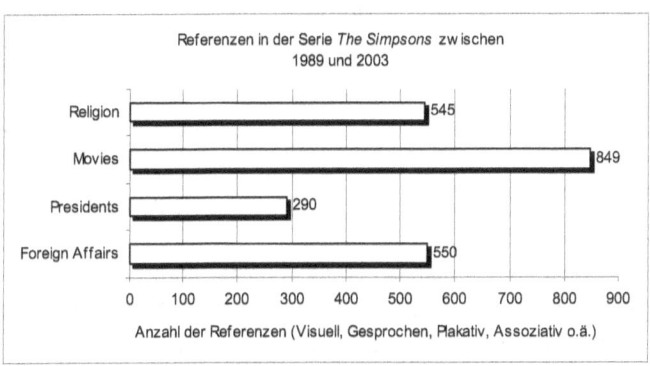

Die genannten Bereiche sind nur Beispiele einer Fülle von möglichen Kategorien, die in den *Simpsons* vorkommen. Es wird aber deutlich, dass die Serienmacher ein breites Spektrum an wiedererkennbaren Referenzen geschaffen haben. Damit wird allerdings auch klar, dass Religion keine marginale Erscheinung in der Serie ist, sondern signifikanter Teil einer komplexen Serienlandschaft, die nicht nur alltägliches, (pop)kulturelles und politisches Leben zeigt bzw. karikiert, sondern eben auch das religiöse Leben.

Dass Religion ein regulärer Bestandteil der Serie ist, wird nicht nur sichtbar, wenn Ned Flanders oder Rev. Lovejoy Part einer Episode

---

<www.snpp.com/other/papers/gb.papers.html> (wie gesehen am 19. Oktober 2003).

[161] Diese Listen stehen auf <www.snpp.com> (wie gesehen am 28. November 2003) zur Verfügung und sind in genannter Reihenfolge von: Bruce Gomes, Joel Thomas, Haynes Lee und Claus Rasmussen. Alle stellen einheitlich fest, dass diese Daten nicht auf Vollständigkeit beruhen. Groening selbst sagt, dass es in der Serie Referenzen gibt, die erst bei wiederholten anschauen erschlossen werden können. Es handelt sich hierbei also um approximative Zahlenwerten.

sind. Genauso spielt Religion für viele der zweitrangigen Figuren eine mehr oder weniger wichtige Rolle. Die meisten Figuren der Serie teilen den christlichen Glauben, was nicht heißen soll, dass es nicht auch andere Konfessionen in Springfield gibt. Hindus, Buddhisten und Juden gehören genauso zum Stadtbild, wie Christen oder auch Atheisten. Zunächst soll aber die Familie Simpson näher auf ihren Glauben untersucht werden.

5.2.1 Den heiligen Schein wahren

> *One man's faith allows him to eat everything, but another man, whose faith is weak, eats only vegetables.*
>
> Brief Paulus' an die Römer[162]
>
> *Mmm... something!*
>
> Homer J. Simpson, 1994[163]

Dass Springfield eine Stadt ist, in der sich sämtliche Konfessionen wieder finden, wird im nächsten Abschnitt noch ausführlich behandelt. Hier soll vornehmlich der Glaube innerhalb der Familie Simpson untersucht werden, wobei sich auch dort eine religiöse Vielfalt ausmachen lässt. Gut und böse, fromm und sündhaft liegen eng bei einander, wobei Marge und Lisa die moralische Seite der Familie ausmachen, während Homer und Bart eher die gegenteilige Seite für sich in Anspruch nehmen. Dass am Ende meist das Gute überwiegt lässt sich nur an wenigen Folgen widerlegen. Das Böse bekommt am Ende meist die gerechte Strafe, denn moralische Maßstäbe werden zwar einerseits karikiert, andererseits aber auch unterstützt. Die *Simpsons* machen Religion zu einem regulären Bestandteil ihres Familienlebens. So gehen sie jeden Sonntag in die Kirche, wobei einige Episoden diesen Fakt zentral behandeln, wie z.B. *Simpsons Bible Stories* in der 10. Staffel. Hier träumen die *Simpsons* von unterschiedlichen biblischen Geschichten, weil sie während einer sehr langatmigen Lovejoy Osterpredigt, in der er

---

[162] Apostel Paulus an die Römer, In: *The Holy Bible*, P. J. Kenedy & Sons, N. Y. *1950*, Romans 14:2.

[163] In: The *Simpsons*: Episode 106 – *Another Simpsons Clip Show* 25.09.1994 (Episode 103 *Romantik ist überall* 29.07.1995).

nicht einen einzigen, logischen bzw. biblischen Zusammenhang zum Hauptfest des christlichen Kirchenjahres herstellt, einer nach dem anderen einschlafen. Dieses symbolträchtig inszenierte Rütteln an religiösen Dogmen und dem *Sacrificium Intellectus*, das die Unterordnung des eigenen Erkennens unter die kirchliche Lehrmeinung umschreibt, wird dadurch unterbrochen, dass die *Simpsons* dies offensichtlich nicht berücksichtigen können, da sie schneller einschlafen, als sie Zeit haben zuzuhören.

5.2.1.1 Homer J. Simpson, der Vater

> *Perfect teeth. Nice Smell. A class act, all the way.*
>
> Homer J. Simpson über Gott, 1992[164]

Homer ist der lebendige Beweis, dass der Gang zur Kirche nicht immer gleich mit religiösem Fanatismus verbunden sein muss, und ein Heiliger ist Homer deswegen aber auch nicht. Beth Keller diskutiert Homer als einen „bottom-line" Christen, der Gott gegenüber nur dann aufmerksam ist, wenn er z.B. Doughnuts in Aussicht gestellt bekommt. „He just wants a take-my-order kind of God."[165] Homer ist ohne Zweifel ein sündiger Mensch, der sich durch Ignoranz und Einfältigkeit auszeichnet. Er ist aber doch keinesfalls ein böser Mensch, wie es eigentlich vermuten lässt. Homer ist bei der Vergabe von ‚Naivität' sozusagen mit ein paar extra Portionen bedacht worden, wenn nicht sogar noch ein paar mehr. Deswegen ist er auch nicht einmal ansatzweise als Rohmodell gedacht. „He's a bad example. Don't be like him"; suggeriert auch der Macher selbst, Matt Groening, in einem Interview von 1999.[166] Er ist das Gegenteil eines Vorbildes, weil er fast alles repräsentiert was einen unmorali-

---

[164] In: The *Simpsons*: Episode 62 – *Homer the Heretic* 08.10.1992 (Episode 62 – *Ein gotteslästerliches Leben* 21.04.1994).

[165] Keller, Beth: so zitiert in: Kisken, Tom: *The Gospel of Homer – Sarcastic Cartoon Show is not without its Spiritual Moments*, Ventura Country Star, 04. September 1999.

[166] Matt Greoning im Interview mit Duncan, Andrew: *Matt Groening – I'm an Incurable Neurotic*, Radio Times, 18.-24. September 1999, S. 2. In: The *Simpsons* Archive <www.snpp.com/other/interviews/groening99c.html> (wie gesehen am 24. Juli 2003).

schen Menschen, Ehe-Mann und Vater erkennbar macht. Aber eben nur ‚fast', denn so unmoralisch das Handeln Homers auch sein mag, er beweist zwar selten, aber doch immer wieder, dass auch ihm ein freundlicher, verantwortungsbewusster, liebender und liebenswerter Charakter innewohnt, auch wenn der meistens gerade schläft. Ja, sogar Religion ist ihm nicht fremd. Wenn Bart seinen Vater in *Homerpalooza* fragt, welcher Religion er denn angehöre, antwortet Homer: „You know, the one with all the well-meaning rules that don't work in real life. – Uhh . . . Christianity."[167] Homers sündiges Leben beruht aber, und das selbst im katholischen Verständnis, auf lässlichen Taten, d.h. seine Sünden sind verzeihbar und somit keine Todsünden. Selbst seine unersättliche Gefräßigkeit, die ja eigentlich im Begriff ‚Unmäßigkeit' eine der sieben Todsünde darstellt, wird immer dann relativiert, wenn Homer z.B. in ein persönliches Gespräch mit Gott verfällt. Seine Art, mit Gott zu kommunizieren, unterstreicht seine vorhandene Religiosität. Auch wenn er vielleicht kein Vorzeigechrist ist, glaubt er doch an eine höhere unerklärbare Macht, die sein Leben beeinflussen kann. Homer hat dabei eine ganz eigene Art des individuellen Gebets entwickelt. In *And Maggie Makes Three* betet er (in einer Rückblende in die imaginäre Familienchronik, als Marge ihm gerade sagen möchte, dass sie schwanger ist):

> Marge: Homey, I . . .
>
> Homer: Can't talk, praying. Dear Lord, the gods have been good to me and I'm thankful. For the first time in my life everything is absolutely perfect just the way it is.
>
> Marge: Mmm . . .
>
> Homer: So here's the deal: you freeze everything as it is and I won't ask for more. If that is OK, please give me absolutely no sign. [pause] OK, deal. In gratitude, I present you with this offering of cookies and milk. If you want me to eat them for you, please give me no sign. [pause] Thy will be done! [eats food]

---

[167] In: The *Simpsons*: Episode 152 – *Homerpalooza* 19.05.1996 (Episode 147 – *Homer auf Tounee* 03.12.1996).

Als er dann von Marges dritter Schwangerschaft erfährt, flucht er „we're doomed...doomed...". Doch am Ende, zum ersten Mal in Maggies Antlitz blickend, ist Homer einmal mehr der liebenswerte Vater: „...the most beautiful baby girl in the world."[168]

Eine der wohl wichtigsten Episoden, die Homers religiöse Perzeption veranschaulicht, ist *Homer the Heretic*. Während sich Homer an einem Sonntag entschließt, nicht zur Kirche zu gehen, fällt er in einen tiefen Schlaf. Gott spricht zu ihm:

> Gott: Thou has forsaken my church!
>
> Homer: [in fear] Uh, kind-of . . . b-but . . .
>
> Gott: But what?!
>
> Homer: I'm not a bad guy. I work hard and I love my kids. So why should I spend half my Sunday hearing about how I'm going to hell?
>
> Gott: Hmmm. You've got a point there. [...]

Hier werden gleich mehrere die Religion betreffende Fragen aufgeworfen. Inwieweit sollte sich das Zeremoniell des Gottesdienstes an das moderne Leben anpassen? Denn Homer langweilt sich fast grundsätzlich zu Tode. Genauso werden die Strenge und Genauigkeit sowie die Ideale des Christentums auf satirische Weise behandelt und hinterfragt. Es kann klar festgestellt werden, dass Homer ein relativ intensiver Beter ist, an dem sich viele, wenn nicht gar die meisten, Christen orientieren sollten. Wobei seine Art und Weise, mit Gott zu debattieren, in diesem Hinblick zweitrangig ist. Allein der Gedanke, dass er Gott in viele seiner alltäglichen Lebenssituationen einbezieht, ist Grund genug, ihn als Christen zu bezeichnen und zwar einen, der nicht nur auf dem Papier existiert. Dass Homer sich bei Gott bedankt, ist eher die Ausnahme, wie z.B. „Dear Lord, on this blessed day, we thank Thee for giving our family one more crack at togetherness."[169] Dass er aber Wünsche und Beschwerden hat, ist sicherlich die Regel, wie z.B.: "Dear God, give a bald guy a

---

[168] In: The *Simpsons*: Episode 116 – *And Maggie Makes Three* 22.01.1995 (Episode 112 – *Und Maggie macht drei* 08.10.1995).

break. Amen."[170] Gott wird dabei nicht nur als absolut existent vorausgesetzt, er wird gleichzeitig als rücksichtsvoll und verständnisvoll porträtiert. So z.B. sagt Gott zu Homer, nachdem er ihm gesagt hat, dass er da etwas Wahres (s.o.) angesprochen habe: „You know, sometimes even I'd rather be watching football. Does St. Louis still have a team?"[171] Am Ende waren zwar alles nur Homers Träumereien, und Gott hat sich nie wirklich verbal geäußert oder visuell gezeigt, aber dennoch nimmt Gott auch außerhalb des Traumes Gestalt an. Nämlich dann, wenn Homer, der mit einer Zigarre im Mund einen Sonntagsgottesdienst auf der heimischen Couch verschläft und aus Versehen das Haus in Brand steckt, von Querschnitt bildenden Repräsentanten verschiedener Religionen Springfields gerettet wird. Flanders der Christ, Apu der Hindu, Krusty der Jude und Reverend Lovejoy, sowie Chief Wiggum der Polizist und Barney der Alkoholiker sind zur Stelle, um einem Freund aus der Misere zu helfen und die lodernden Flammen zu löschen. Nachdem alles vorüber ist, schiebt Homer das Geschehene Gott in die Schuhe, weil der ihn rachedürstend bestrafen will.

> Ned Flanders: Homer, God didn't set your house on fire.
>
> Rev. Lovejoy: No, but he was working in the hearts of your friends and neighbours when they came to your aid, [...].

Homer lenkt ein und hält es nun doch für besser, zur Kirche zu gehen. Ob diese Einstellung lange anhält oder ob Homer nicht nächsten Sonntag trotz Anwesenheit wieder gähnend den Gottesdienst verschläft, bleibt offen. Homers Verhältnis zu Gott ist zwar undefinierbar und sein Glaube äußerst vage, doch entspricht es nicht dem Glauben vieler amerikanischer Christen, die sich jeden Sonntag fragen, warum sie zur Kirche gehen? „Americans do the external, expected behaviors (e.g. going to church, saying grace), but it is not until they face a crisis that they directly seek an audi-

---

[169] In: The *Simpsons*: Episode 20 – *Bart vs. Thanksgiving* 22.11.1990 (Episode 21 – *Bart bleibt hart* 14.02.1992).

[170] In: The *Simpsons*: Episode 15 – *Homer and Delilah* 18.10.1990 (Episode 16 – *Karriere mit Köpfchen* 10.0.1992).

[171] In: The *Simpsons*: Episode 62 – *Homer the Heretic* 08.10.1992 (Episode 62 – *Ein gotteslästerliches Leben* 21.04.1994).

ence with God the Almighty."[172] Wie Homer es am eigenen Leib erfährt, gibt es immer wieder Augenblicke im Leben, in denen sich diese Menschen ihres Glaubens erinnern, ihn zelebrieren möchten und Dankbarkeit zeigen. Homer ist weder ein Atheist noch ein Anti-Christ. Er steht repräsentativ für alle Menschen, denen sich theologische Zusammenhänge nicht leicht erschließen bzw. die zu den 80 % der amerikanischen Christen gehören, die die Bibel zwar als Wort Gottes anerkennen, sie aber meist nie vollständig (oder auch nur teilweise) gelesen haben.[173] Homer schreit einmal gen Himmel, als ihn im Zoo ein Nashorn angegriffen hat: „I'm gonna die! Jesus, Allah, Buddha – I love you all!"[174] Das ist, was Homer menschlich macht, denn er ist zwar Christ, aber vor Allem ist er ein Mensch. Ein Mensch mit Nöten, Ängsten und gelegentlichen Wutausbrüchen, die ihm aber, seiner animierten Art halber, verziehen werden können. Denn, und das zeigt sich in einigen Episoden, trotz seiner Apathie gegenüber Ned Flanders, seinem überirdisch religiösen Nachbarn, ist auch Homer in der Lage, seinen wackeligen Glauben vor Zeugen auszudrücken. In *Homer Loves Flanders* kommt es zu einem dieser seltenen, aber wertvollen Momente. Homer über den von der Kirchengemeinde angeprangerten Flanders (der hatte vorher einen Strafzettel wegen Geschwindigkeitsüberschreitung bekommen): „This man has turned every cheek on his body. If everybody were like Ned Flanders there'd be no need for heaven. We'd already be there."[175] In der Episode, *Homer vs. Lisa and the 8th Commandment* kommt Homer mit eben jenem der 10 Gebote in Konflikt, das sich gegen das Stehlen ausspricht. Sein illegal installierter Kabelanschluss, der ihm zwar erst große Freude bereitet, nagt zunehmend an seinem Gewissen. Seine Familie, besonders Lisa und Marge, hat sich nämlich gegen diese Art von unrechtmäßiger Vorteilsnah-

---

[172] Lewis, Todd V.: *Religious Rhetoric and the Comic Frame in The Simpsons*, Journal of Media & Religion, Lawrence Erlbaum Associates, Vol. 1, 2001, S.161.
[173] Wie ich es schon in *Das religiöse Springfield* angeführt habe.
[174] In: The *Simpsons*: Episode 218 – *Marge Simpson in: Screaming Yellow Honkers* 21.02.1999 (Episode 212 – *Marge Simpson im Anmarsch* 01.12.1999).
[175] In: The *Simpsons*: Episode 97 – *Homer Loves Flanders* 17.03.1994 (Episode 94 – *Homie und Neddie* 21.04.1994).

me ausgesprochen. Homer plagt sein schlechtes Gewissen bis er einsieht, dass Stehlen eine Sünde ist und ihm sowieso die bis dahin auf Eis gelegte Unterstützung seiner Familie wichtiger ist. Als das moralische Gleichgewicht wieder hergestellt ist, sagt Lisa abschließend: „Dad, we may have saved your soul."[176]

Die eingangs erwähnte *Doughnut* Theorie, von Beth Keller vertreten, lässt sich nach den bis hierhin gewonnenen Erkenntnissen zwar sehr wohl unterstreichen und auf Homer anwenden, doch kann Homer J. Simpson nicht allein darauf reduziert werden. „Homer may be a Sunday-only Christian, meaning that as long as he thinks God is providing him with a good wife, a family he can love, and a steady job, he will fall in line as a religious person."[177] Wenn Homer von einer Lebenskrise in die nächste stolpert, ruft er oft Gott um Hilfe an, bekommt aber meist Antworten, die sein Verstand nicht erfassen kann. Dieser, die menschliche Hilflosigkeit symbolisierende Wesenszug, äußert sich dann eben auch in seinem Drang, zur Kirche zu gehen, dort einzuschlafen und später, wenn es die Situation erfordert, zu beten. So kann denn auch zusammenfassend gesagt werden, dass Homer in seiner christlichen Spiritualität sehr gewöhnlich ist, vielleicht gewöhnlicher, als viele vom heiligen Schein umgebene Christen es selbst zugeben würden. Als Homer in *One Fish, Two Fish, Blowfish, Blue Fish* einen ebensolchen verspeist, wird ihm erklärt, dass er nun sterben müsse und nur noch 24 Stunden zu leben habe, was am Ende natürlich doch nicht der Wahrheit entspricht. Dennoch lebt Homer in dem Glauben, dass er sterben müsse und will nun das Beste aus diesen 24 Stunden herausholen. Er verbringt Zeit mit seinen Kindern, seinem Vater, seinen Freunden, seiner Frau und, weil er in der letzten Nacht nicht schlafen kann, mit der Bibel. Das heißt, er hört sich eine Hörspielversion an. Homer ist ein Christ, der sich seines Glaubens erinnert, wenn es seine Interessen verlangen oder es diesen nützt.

---

[176] In: The *Simpsons*: Episode 26 – *Homer vs. Lisa and the 8th Commandment* 07.02.1991 (Episode 26 – *Das achte Gebot* 27.03.1992).

[177] Lewis, Todd V.: *Religious Rhetoric and the Comic Frame in The Simpsons*, Journal of Media & Religion, Lawrence Erlbaum Associates, Vol. 1, 2001, S.161.

Aber eben auch ein Christ, der seine Frömmigkeit links liegen lässt, wenn Glaube ihm aufoktroyiert wird.[178] „Homer is not an evil person. [...] He is not generally a malicious person."[179] Immer wieder ‚versucht' Homer die Beziehung zu seinem Vater zu verbessern, er toleriert widerstrebend seine beiden verdrießlichen Schwägerinnen, er sucht und findet seinen Halbbruder etc.. Er ist keineswegs abgeneigt ‚Gutes' zu tun, was seine schlechte Seite zwar nicht relativiert, doch aber verdeutlicht, dass er beständig im guten Glauben handelt. Im Grunde ist Homer mit seinem Glauben überlastet und obwohl er oft mit Gott in einen Dialog tritt oder ihn um Hilfe bittet, kann er sich am Ende doch nicht entscheiden, wie er ihn eigentlich einzuordnen hat: „God's always happy – no wait. He's always mad."[180]

5.2.1.2 Bart Simpson, der Erstgeborene

As God as my witness, I can pass the fourth grade!

Bart Simpson, 1990[181]

Das anarchistische Moment der Serie findet sich in der Figur Bart(holomew) wieder, wie ich ihn als rebellischen *Underachiever* bereits vorgestellt habe. Bart kennt keinen Respekt gegenüber Autorität, denn Bart ist zehn Jahre alt. Ist es Marge, die ihm etwas in erzieherischer Maßnahme vermitteln möchte, wirkt Bart abwesend und unaufmerksam. Sind es seine Lehrer oder Nachbarn, gibt er meist nur einen seiner Leitsprüche zum besten. Selbst die von den meisten Amerikanern anerkannte höhere Autorität, nämlich Gott, ist vor Barts Respektlosigkeit nicht gefeit. Gibt ihm aber Homer einen seiner unschätzbaren Ratschläge, kann er zu einem sehr aufmerksamen Kind werden, meist weil diese Ratschläge entweder un-

---

[178] Siehe dazu auch das Kapitel *Divine Imagery*, In: Pinsky, Mark I.: *The Gospel According to The Simpsons*, a. a. O., S. 14-29.
[179] Blair, Jason: *Deconstructing The Simpsons – The Aristotelian Logic of Bart And Homer. Or Is It Platonic?*, Word for Word, The New York Times 09. September 2001.
[180] In: The *Simpsons*: Episode 47 – *I Married Marge* 07.02.1991 (Episode 49 – *Blick zurück aufs Eheglück* 28.01.1993).
[181] In: The *Simpsons*: Episode 14 – *Bart Gets an F* 11.10.1990 (Episode 14 – *Der Musterschüler* 20.12.1991).

schätzbar fragwürdig oder unschätzbar einfältig sind und damit meist kindlich-lustig und so genau das Richtige für Barts Freizeitbeschäftigung. In *Two Bad Neighbors* erzählt Bart seinem Vater, Ex-Präsident Bush habe ihm den Hintern versohlt, worauf Homer folgendes macht:

> Bart über Bush: I begged him to stop but he said it was for the good of the nation.
>
> Homer: So I thought to myself, 'what would God do in this situation?

Darauf trägt Bart, sich hämisch freuend, eine Box mit Heuschrecken in die Richtung des Nachbarhauses der Bushs.

> Homer: It's all in The Bible, son. It's the prankster'…bible!

Dass Bart in solchen Situationen Freude, oder besser Schadenfreude, verspürt und auch zeigt, hat er sicherlich mit vielen Kindern seines Alters gemein. Barts Rebellion gegen so viele Dinge ist eigentlich nur Ausdruck eines Jungen, der auf kindlich-naive Weise meist trotzig auf bestimmte Umwelteinflüsse reagiert, wobei er eben doch fast immer einfach nur ein kleiner Junge ist und bleibt. Der überwiegende Teil seiner Streiche wird entweder durchkreuzt oder hat ein ‚gutes' Ende. Er ist das schwarze Schaf der Familie, durch den doch aber auch immer eine Art Lehrstunde vermittelt wird. So z.B. auch in *Miracle on Evergreen Terrace*. Noch am Vorweihnachtsabend betet Bart: „Dear Santa, if you bring me lots of good stuff, I promise not to do anything bad between now and when I wake up. Amen." Das Bart hier Santa anbetet, ist Ausdruck seines tiefen Glaubens in „holiday miracles, despite his fathers scepticism."[182] Als er dann schon sehr früh aufwacht, öffnet er eines seiner Geschenke und verbrennt aus Versehen den Weihnachtsbaum samt den Geschenken. Am nächsten Morgen behauptet er, ein Dieb hätte den Baum und die Geschenke geklaut, was er dann sehr ausschmückend der Polizei erzählt. Die Geschichte wird dann auch noch medienwirksam in den Springfield Nachrichten verarbeitet, worauf eine Welle des Erbarmens durch Springfield rollt. Es gleicht einem Wunder, denn alle wollen helfen und der vermeintlich ‚Not leidenden'

---

[182] Pinsky, Mark I.: *The Gospel According to The Simpsons*, a. a. O., S. 35.

Familie ein schönes Weihnachten bereiten. „Patches and poor Violet", zwei Weisenkinder à la Charles Dickens, wecken Barts schlechtes Gewissen, als selbst sie ihm ihren letzten „tattered dollar" geben, was doch eigentlich für Medikamente gedacht war.[183] Insgesamt spendet die Stadtbevölkerung ca. 15.000 Dollar, welche die *Simpsons* für etwas Extraordinäres ausgeben sollen. Darauf sagt Homer: „Marge, kids, lets go buy some happiness!" Als die Familie dann ein Auto kaufen möchte, verstärkt sich Barts schlechtes Gewissen und er plädiert dafür, das Geld wohltätigen Vereinen zu spenden, was nicht erhört wird. Das *Miracle on Evergreen Terrace* wendet sich, als Homer das Auto zu Schrott fährt und Bart beichtet, was wirklich geschehen ist. Die anfängliche von der Stadtbevölkerung euphorisch zelebrierte Hilfsbereitschaft, wandelt sich zu Beschimpfungs- und Hasstiraden, die alle Familienmitglieder über sich ergehen lassen müssen. Diese Stimmung legt sich erst, als das Haus der *Simpsons* fast komplett geplündert wird und somit die Schuld beglichen ist. In der Konsequenz hat Bart seine Lektion gelernt und die Situation schweißt die Familie wieder, auch ohne Baum und Geschenke, enger zusammen. Dies führt am Ende dazu, dass sich die wahre Bedeutung von Weihnachten und so auch das wahre *Miracle on Evergreen Terrace* erschließen lässt.[184]

Bart ist aber auch, und da ähneln seine Charakterzüge denen seines Vaters, ein Beter in der Not. Robert Thomson sieht ihn sogar in himmlischer Gesellschaft. „I like to think that Bart Simpson is in line with Abraham and Moses in that he talks to God directly himself."[185] Dies zeigt sich u. a. in *Bart gets an F*:

> Bart: Well, old timer [Gott], I guess this is the end of the road. I know I haven't always been a good kid, but, if I have to go to school tomorrow, I'll fail the test and be held back. I just need one more day to study, Lord. I need your help.

---

[183] Vgl.: Gimple, Scott M. (Hrsg) : *The Simpsons Forever! – A Complete Guide to our Favorite Family ...Continued*, HarperPerennial, New York 1999, S. 22-23.

[184] In: The *Simpsons*: Episode 188 – Miracle on Evergreen Terrace 21.12.1997 (Episode 184 – Die Lieblings-Unglücksfamilie 20.10.1998).

Lisa: [ihm heimlich zuschauend] Prayer ... the last refuge of a scoundrel.

Bart: A teachers strike, a power failure, a blizzard ... Anything that'll cancel school tomorrow. I know it's asking a lot, but if anyone can do it, You can! Thanking you in advance, Your pal, Bart Simpson.

Bart legt sich schlafen und die Kamera zoomt durch das Fenster. Zu ‚Halleluja' singenden Engelchören, fängt es langsam an zu schneien. Am nächsten Tag fällt die Schule aus, da die Stadt im Schnee versunken ist. Alle Kinder kommen mit Schlitten aus den Häusern. Als Bart dann gerade durch die Haustür in Richtung Schneespaß gehen will, hält ihn Lisa auf.

Lisa: I heard you last night, Bart. You prayed for this. Now your prayers have been answered. I'm no theologian; I don't know who or what God is exactly. All I know is, he's a force more powerful than Mom and Dad put together, and you owe Him big.

Bart fängt daraufhin tatsächlich an zu lernen und, wen wundert es, besteht den Test. Bart: „Part of this D-minus belongs to God."[186] Einmal mehr hat Bart bewiesen, wenn auch mit Unterstützung Lisas, dass er zumindest verstanden hat, wem er all sonntäglich die Ehre erweist.

Gerry Bowler sieht Bart, auch wenn er von Zeit zu Zeit eine tiefe kindliche Spiritualität aufweist, als typischen kleinen Bösewicht, der in der literarischen Tradition von Mark Twains *Tom Sawyer* oder auch Charles Dickens *The Artful Dodger* aus Oliver Twist steht. Diese literarischen Figuren, genau wie Bart, stehen symbolisch für die Konflikte, die dadurch entstehen, dass gesellschaftliche Zwänge existieren.[187] Allen gleich ist das Verlangen nach Abenteuer, was

---

[185] so zitiert in: Kisken, Tom: *The Gospel of Homer – Sarcastic Cartoon Show is not without its Spiritual Moments*, Ventura Country Star, 04. September 1999.

[186] In: The *Simpsons*: Episode 14 – *Bart Gets an F* 11.10.1990 (Episode 14 – *Der Musterschüler* 20.12.1991).

[187] Vgl.: Bowler, Garry: *God and The Simpsons – The Religious Life of an Animated Sitcom*, eine wissenschaftliche Arbeit, die während des Seminars: *The Media and Family Values* im Oktober 1996 präsentiert wurde. Siehe

sich meist in vermeintlichen Scherzen und Streichen anderen Leuten gegenüber äußert. Ob nun Toms Ungehorsam gegenüber Tante Polly, ‚The Artful Dodgers' problembehaftete Taschendiebstahlskarriere oder Barts unruhestiftendes Wesen, gesamt sind die verschiedenen Eigenschaften austauschbar, da sie alle den rebellischen *Underachiever* verkörpern, und auch alle mächtig stolz darauf sind. Da selbst Taschendiebstahl für Bart und Tom nichts Fremdes ist, kann tatsächlich ein Vergleich aller drei Jungen auf der Ebene der Charaktereigenschaften gezogen werden. Somit reiht sich Bart, vielerlei als Rüpel und schlechtes Vorbild gescholten, in eine Reihe traditioneller und vor Allem literarisch anspruchsvoller Helden ein, was der oft geäußerten Kritik an der Figur Bart sehr viel Wind aus den Segeln nimmt.

Dass er allerdings auch kein kleiner Engel ist, wird in der Serie nur allzu oft dargestellt. Doch immer wieder spielen religiöse Aspekte eine mehr oder weniger intensive Rolle. Bart ist ein Kind mit christlicher Affiliation, die sich immer dann bezahlt macht, wenn es ihm nützt oder er es nötig hat. Gottes Wohlgefallen und wohlüberlegtes Handeln ist nicht, wie dies bei den Flanders-Söhnen der Fall ist, Barts oberste Maxime, aber auch keine unbekannte Dimension und somit nie ganz außer Reichweite.

<www.snpp.com/other/papers/gb.papers.html> (wie gesehen am 19. Oktober 2003).

5.2.1.3 Marge Simpson, die Mutter

>...the true believer, with super-human patience.
>
>Peggy Fletcher Stack, 2001[188]

Marge –Marjorie– Simpson ist Vollzeit Mutter und Hausfrau, wobei für sie, wie es auch Bastian Vogl beschreibt, grundsätzlich immer der Zusammenhalt der Familie oberste Priorität hat.[189] Ihr religiöser Glaube ist nicht nur der Beständigste von allen Simpsons, er beruht auch auf wahrer Bindung. Ihr ist es zu verdanken, dass die Familie Sonntags in die Kirche geht. Dass sie einen starken Glauben haben muss, beweist sie allein dadurch, dass sie Homer liebt und zu ihm hält, auch wenn ihr letzteres manchmal schwer fällt. Als sich Homer, in Homer the Heretic hämisch darüber freut, nicht zur Kirche gehen zu müssen, denn er hatte das vormals schon erwähnte Gespräch im Traum mit Gott, reagiert Marge etwas ungehalten: „Homer, please don't make me choose between my man and my God, because you just can't win."[190] Worauf Homer ihr vorwirft, sie würde ständig Partei für andere Leute ergreifen, wie Flanders, die Wasserwerke oder Gott. Doch in Wirklichkeit ist es Marges Sinn für moralische und konventionelle Werte, der ihren Standpunkt der Wichtigkeit des regelmäßigen Gottesdienstbesuchs untermauert.[191] Um Homer vor der Verdammnis zu retten, versucht Marge einige Tricks. So lädt sie z.B. Reverend Lovejoy zum Abendessen ein, was fehlschlägt. Aber ein Versuch war es für sie wert, denn sie ist vom Willen beseelt der Familie einen Haltepunkt zu geben, nämlich das Verständnis für die

---

[188] Flectcher Stack, Peggy: The Simpsons – Devoutly Sarcastic, The Salt Lake Tribune, 03. November 2001,
<www.snpp.com/other/articles/devoutlysarcastic.html>, (wie gesehen am 12. November 2003).

[189] Vgl.: Vogl, Bastian: The Simpsons and Their World, The Simpsons Archive <www.snpp/other/ papers/bv.paper.html>, 1. Februar 2000, (wie gesehen am 13. Sep. 2003).

[190] In: The Simpsons: Episode 62 – Homer the Heretic 08.10.1992 (Episode 62 – Ein gottesläster-liches Leben 21.04.1994).

[191] Vgl.: Durham, Gabe: Toenes of Morality Through Layers of Sarcasm – The Simpsons and Its Underlying Themes, The Simpsons Archive <www.snpp.com/other/papers/gd.paper.html 2001>, (wie gesehen am 11.Dezember 2003).

Existenz eines übernatürlichen Wesens und warum dieses eine Rolle im Leben der Familie spielen sollte. Marge ist die wahre Gläubige der Familie, allerdings im konventionellen Sinn. „She represents the foundation an which Homer and the children depend on for love and comfort."[192] Ihrer Familie gegenüber ist sie derart zugeneigt, dass sie, obwohl für sie auch höhere Ziele greifbar wären, solche zum Wohle und Zusammenhalt der Familie opfert. Innerhalb der Familie verkörpert sie das grundsatzfeste und moralische Gewissen. Die Familie braucht ihrer Ansicht nach, einen festen Platz in der amerikanischen Gesellschaft, um, wenn auch nur oberflächlich, Anerkennung zu erlangen. Der amerikanische Weg, diese zu erlangen, ist der ‚regelmäßige Gottesdienstbesuch', was die geschätzten 1200 christlichen Denominationen und unglaubliche 95 % Gottgläubigkeit in den Vereinigten Staaten unterstreichen.[193] Das soll allerdings nicht heißen, dass Marge ihren Glauben nur vortäuscht. Dafür wiederum ist sie zu gutgläubig und zu naiv, aber auch zu spiritual veranlagt, was ebenso ihre intensiven Gebete zeigen. Was Marges Gebete allerdings von denen Homers und auch Barts unterscheidet, ist die vorwiegende Uneigennützigkeit, wenngleich sie meist für die Familie betet und somit auch für sich. Sie spricht aber niemals selbstsüchtige Gebete. So zum Beispiel: „Dear God, this is Marge Simpson. If you Stop this hurricane and save our family, we will be forever grateful and recommend you to all our friends."[194] Oder auch ein die Gemeinschaft mit einbeziehendes Gebet: "Dear Lord, if you spare this town from becoming a smoking hole in the ground, I'll try to be a better Christian."[195]

---

[192] Sohn, John: *Simpsons Ethics*, The *Simpsons* Archive <www.snpp.com/other/papers/ js.paper.html>, (wie gesehen am 13. Dezember 2003).
[193] Hier beziehe ich mich auf: Der Brockhaus Multimedial 2002 – Bibliographisches Institut & F. A. Brockhaus 2001. Stichwort: *Vereinigte Staaten von Amerika*.
[194] In: The *Simpsons*: Episode 161 – *Hurricane Neddy* 29.12.1996 (Episode 159 – *Der total verrückte Ned* 05.11.1997).
[195] In: The *Simpsons*: Episode 40 – *Homer Defined* 17.10.1991 (Episode 41 – *Der Ernstfall* 14.01.1993).

Selbst untereinander, und nicht nur beim gemeinschaftlichen Tischgebet, spielt Religion auf die eine oder andere Weise eine Rolle. So fragt Bart seine Eltern in *The Otto Show*, ob ebenjener in der Garage leben darf. Otto ist vorübergehend von seinem Job als Schulbusfahrer suspendiert worden. Homer ist sofort dagegen, doch Marge bezieht sich auf die Bibel.

> Marge: Doesn't the Bible say, 'Whatsoever you do to the least of my brothers, you do unto me'?
>
> Homer: Yes, but doesn't the bible also say, 'Thou shalt not take ... moochers into thy ... hut'?

Homer gerät einmal mehr in Bredouille und erfindet schnell eine vermeintlich ‚konträre' Bibelpassage. Die Szene verdeutlicht Marges Glaubensstärke. Sie ist in der Lage etwas aus der Bibel zu zitieren, weil sie einerseits ein religiöses Interesse aufweist und andererseits die sonntäglichen Gottesdienste mit gebührender Aufmerksamkeit verfolgt und somit Religion fester Bestandteil ihres Lebens ist.

Wie der Rest der Familie hat auch Marge eine persönliche Beziehung zu Gott, denn "God is omnipotent and omnipresent in the lives of the Charakters who inhabit Springfield. When trouble strikes, it is God to whom Homer, Marge, Bart and Lisa turn for help."[196] Alle auf ihre Weise, wobei Marge –genauso wie Lisa– es ehrlicher und inniger praktiziert. Wer von den Beiden nun den stärkeren Glauben hat oder die tiefere christliche Spiritualität besitzt, lässt sich nicht, auch wenn einige Autoren genau das suggerieren, mit Bestimmtheit festlegen. Dass Lisa eine andere ehrliche und innige Art von Spiritualität verkörpert, wird nachstehend noch behandelt.

Marge symbolisiert das stabile Moment der Familie, da es nicht viel gibt, was sie in eine unbalancierte Position bringt. Gerald J. Erion und Joseph A. Zaccardi glauben, dass Marges Antrieb ein glückliches und moralisches Leben zu führen, auf „Aristotle's moral virtues" zurückzuführen ist. Sie ist „brave, honest, and temperate

---

[196] Briggs, David: *The Simpsons – They've Got Religion*, The Atlanta Jounal 13. Januar 2001, In: The *Simpsons* Archive <www.snpp.com/other/articles/gotreligion.html>, (wie gesehen am 01. Nov. 2003).

becuause those qualities help her to help her family."[197] Marge gehört nicht zu den Gläubigen, die allem blind vertrauen. Ganz im Gegenteil, ihr Glaube beruht auf ihrer Vernunft und ihrem Gewissen. Immer die Familie und nicht zuletzt, die sie umgebene Gemeinschaft im Blick, ist Marge bemüht, gut und richtig zu handeln, da dies am Ende eben auch *gut und richtig* für Marge selber bedeutet.

> She makes these decisions not because she hopes that they will be reciprocated, but because she hopes that they are reciprocated by their very nature; what is good for them is good for her.[198]

Eine herausstehende Episode, die Marge genau in dieser andere Menschen glücklich machenden Position zeigt, ist *In Marge we Trust*. In dieser Folge übernimmt Marge die Rolle der Seelsorgerin, die eigentlich Rev. Lovejoy obliegt. Doch der Reverend hat aufgehört zuzuhören und, wie er Marge gesteht: „finally stopped caring."[199] Ihr erster Fall ist Moe, der Tavernenbesitzer:

> Moe: I've lost the will to live.
>
> Marge: Oh. That's ridiculous, Moe. You've got lots to live for.
>
> Moe: Really? That's not what Reverend Lovejoy's been tellin' me. Wow, you're good. Thanks.

Damit hat Marge Moe glücklich gemacht und gleichzeitig sich selbst. Ein einziges Telefongespräch hat ausgereicht, das Leben eines Menschen wirkungsvoll zu beeinflussen. Warum Reverend Lovejoy anscheinend unfähig ist, solche Seelsorge zu leisten, wird später noch eingehender beleuchtet.

Michael Paulson nennt Marge „a true believer in the decent sense, almost a saintly character." Dem lässt sich einerseits nichts hinzufügen, da ‚decent' und ‚almost saintly' tatsächlich die Attribute sind, die Marge hauptsächlich ausmachen. Andererseits ist auch sie nicht vor Versuchung und Sünde gefeit, was Marges menschlichen Charakter festigt und auch eher selten vorkommt. So ist sie beispiels-

---

[197] Erion, Gerald J., Joseph A. Zeccardi: Marge's Moral Motivation, In: Irwin, William, u. A.: *The Simpsons and Philosophy*, a. a. O., S. 57.
[198] ebenda.
[199] The *Simpsons*: Episode 175 – *In Marge we Trust* 27.04.1997 (Episode 170 – *Marge als Seelsorgerin* 20.11.1997).

weise, in *Life on the Fast Lane* über ihr ‚fast vergessenes' Geburtstagsgeschenk von Homer –eine mit seinem Namen eingravierte Bowlingkugel– so entsetzt, dass sie tatsächlich Bowlingunterricht nimmt. Von ihrem mit französischem Akzent sprechenden Trainer, Jacques, ist sie dann sehr angetan und lässt sich ‚fast' auf eine Affäre mit ihm ein. Jacques versucht alles, um Marges Liebe zu gewinnen, doch am Ende kehrt sie reumütig zu Homer zurück. Sie hat es damit –wenn auch auf einem schlechten Gewissen basierend– nicht nur geschafft ihrer beider Liebe zu erneuern, sondern auch Homer eine Lehre zu erteilen.[200] Marges Glaube ist wohl der, mit dem sich viele Amerikaner am ehesten identifizieren können. Dieser Glaube liegt zwischen den zwei Extremen ‚fundamentaler Glaube' und ‚ignoranter Glaube', wie sie von Flanders und Homer repräsentiert werden. Damit gehört Marge zu den Christen, „who yearn for faith but do not know why."[201]

5.2.1.4 Lisa Simpson, die Zweitgeborene

> *Friday night. Pork chops.*
>
> *From cradle to grave, etched in stone in God's library somewhere in heaven.*
>
> Lisa Simpson, 1991[202]

Da Maggies Bezug zu Glaube und Religion keine nennenswerte Rolle in der Serie spielt,[203] ist Lisa nun die Letzte des Simpson Klans, die auf eben jene Kriterien hin untersucht werden soll. Laut Pinsky repräsentiert Lisa Simpson „the essence of mainline [Christian] denominations with their commitment to a socially conscious

---

[200] Vgl.: The *Simpsons*: Episode 9 – *Life on the Fast Lane (Jacques to be Wild)* 18.03.1990 (Episode 6 – *Der schöne Jacques* 18.11.1991).
[201] Zezima, Katie: *Of Bart and Homer, and Many Ways of Faith*, National - Religion Journal, New York Times 14. Juni 2003, A13.
[202] In: The *Simpsons*: Episode 24 – *One Fish, Two Fish, Blowfish, Blue Fish* 24.01.1991 (Episode 24 – *Die 24-Stunden-Frist* 13.03.1992).
[203] Wobei gesagt werden muss, dass Maggie sehrwohl ‚Unschuld' und ‚Hoffnung' sowie menschliche ‚Verletzbarkeit' repräsentiert; ihr Charakter aber nicht ausgeprägt genug ist, um hier individuell behandelt zu werden.

gospel and rational, religious humanism."[204] Bill Freiberger, einer der Autoren der Serie, relativiert diese Ansicht dann mit der Episode *She of little Faith*, die er für die 13. Staffel geschrieben hat. Darin widerstrebt es Lisa die Kommerzialisierung ihrer Kirche anzuerkennen. Nachdem Homer –wie immer ‚aus Versehen'– das Kirchengebäude komplett zerstört hat, fehlt der Gemeinde das Geld, um einen Wiederaufbau zu finanzieren. Um das nötige Renovierungskapital zu erwirtschaften, schließt die Gemeinde Werbeverträge ab. Der erste Sonntag in dem neuen Gotteshaus verläuft dann folgendermaßen.

Die *Simpsons* gehen, wie jeden Sonntag, in die Kirche. Diese hat sich verändert und das sieht man nicht erst, wenn man den auf dem Kirchendach lassoschwingenden Jesus erspäht hat. In der Eingangshalle sehen die *Simpsons* geschockt und fasziniert die vielen Werbebotschaften an den Wänden. Buzz Cola, Gulp'n'blow, Kwik-E-Mart, Let's get Fiscal – Financial Planning, Sportacus – Sporting Goods u. a. solcher Werbebotschaften hängen an jeder freien Stelle. Als nächstes muss die Familie an einer Geldwechselbude vorbeigehen, wo marktschreierisch gerufen wird:

> Geldwechsler: Money changed. Get your money changed. Right here in the temple.
>
> Lisa: Ohh, that could not be more blasphemous.[205]

Derweil lässt Bart einige freche Fotos seines Gesichtes machen. Sie zeigen ihn als Jesus beim letzten Abendmahl. Marge: „Bart, make a nice one for Grandma." Dann sitzt die Familie endlich in den mehr als bequem aussehenden Kirchenkinosesseln:

> Marge: These new pews are so comfy.
>
> Lisa: I am not going to be taken in by all of this.
>
> Marge: Lisa [...] you're on the jumbo screen.

---

[204] Pinsky, Mark I.: *The Gospel According to The Simpsons*, a. a. O., S. 40.
[205] Dies ist eine direkte Anspielung auf Matthäus 21:12-17. Dort wird beschrieben, wie Jesus die so genannte Tempelreinigung durchführt. Dabei vertreibt er die Geldwechsler und die Händler aus dem Haus *seines* Vaters.

Lisa schaut nach oben und sieht einen riesigen Bildschirm direkt über dem Altar hängen. Darauf ist sie zu sehen und eine Aufschrift am Bildschirm verrät: *Godcam*.

> Lovejoy: [...] and now let us rise and...hm...hmmm ... and thank 'Crazy Larry', whose Big-Screen-TV-Prices are insane ... nane ... nane! And know to deliver a special sermon on the sanctity of deliciousness...The Noid[206].

Darauf tritt ein als Hase verkleideter Mann an das Pult, worauf es Lisa nicht mehr in ihrem Sessel hält und sie schreit:

> Lisa: That's it!
>
> Homer: Quiet Lisa, everyone in the store is looking at you.
>
> Lisa: They should take a good look at themselves and what their church has become.
>
> Lovejoy: Lisa, it is still the same, we just dressed it up a little.
>
> Lisa: Like the whore of Babylon.
>
> Lovejoy: That is a false analogy.
>
> Lisa: No, it's not. It's apt ...aaaaaaaapt.

Die Gemeindemitglieder zählen daraufhin all die positiven Dinge auf, die die Veränderung und Modernisierung gebracht hat.

> Lisa: Those are all wonderful things, but they cost the church its soul. And I for one will not be a part of it.

Unter erstaunten und missbilligenden Blicken stürmt sie zum Ausgang, wo sie ein Türsteher fragt:

> Türsteher: You want your hand stamped so you can came back?
>
> Lisa: No! I'm leaving this church forever!

Die gesamte Episode unterstreicht Lisas spirituale Wanderschaft. Schon immer hat sie durch die Religion betreffende Fragen Aufmerksamkeit erregt und vieles hat sie toleriert bzw. ignoriert. Doch

---

[206] *The Noid* bezieht sich auf eine listige Werbekampagne von *Domino's Pizza* in den späten 80er und 90er Jahren. The Naid war ein kleiner Unhold, der Pizzas stahl und zerstörte. Der Werbeslogan war: „Avoid the Noid! He wrecks your pizza!..." Er war das erste Werbemaskottchen, das ein Produkt zerstörte, wofür es doch eigentlich Werbung machen sollte. Die Aktion war sehr erfolgreich.

jetzt kann sie sich nicht mehr verstellen, sie will einen Glauben finden, der zu ihr passt. Das heißt auf gar keinen Fall, dass Lisa vom Glauben an Gott abgefallen ist, wie sie schon beim späteren Abendgebet beweist:

> Lisa: Lord, I'm not turning my back on you. I just need to find a temple that is free of corruption.
>
> Marge: [...] Oh Honey, I am worried about your soul. I want at least one person from this family to go to heaven.
>
> Lisa: I still believe in God. I just think there is another path to Him...or Her.
>
> Marge: [shocked] Her? Oh ... hm ... She is just kidding Mr. Lord!\[207]

Es entspricht in gar keiner Weise ihrem ethisch-moralischen Lebenskodex, solch kommerziellen Frevel zu akzeptieren oder stillschweigend zu tolerieren. „Although Marge has accepted the lesser sins as part of society, Lisa advocates morality in any situation."[208] Daher verlässt sie noch am gleichen Tag das Christentum und begibt sich auf die Suche nach einer neuen Konfession. Am Ende konvertiert sie zum Buddhismus. Sie ist mit ihrem neu gefundenen Glauben glücklich, aber auch heilfroh darüber, dass „Buddhists respect the diversity of other religions as long as they're based on love and compasion"[209], wie ihr Richard Gere erklärt, einer der bekanntesten amerikanischen Buddhisten. Somit kann sie Buddhistin sein und gleichzeitig zusammen mit ihrer Familie in die Kirche gehen und vor Allem Weihnachten zelebrieren.

Lisas theistische Veranlagung ähnelt der Ned Flanders', allerdings ohne dessen extremistisches Wesen. Sie lebt ihr Leben nach ihren eigenen ethischen und moralischen Vorstellungen, was sie als authentische, gottgläubige Person identifizierbar macht. Was sie von den anderen Familienmitgliedern unterscheidet ist, dass sie zwar Gottes Autorität akzeptiert, aber sich niemals davor fürchtet. „Lisa,

---

[207] The *Simpsons*: Episode 275 – *She of little Faith* 16.12.2001 (Episode 274 – *Allein ihr fehlt der Glaube* --.--.2002).
[208] Sohn, John: *Simpsons Ethics*, The *Simpsons* Archive <www.snpp.com/other/papers/ js.paper.html>, (wie gesehen am 13. Dezember 2003).

being an ethicist refuses to believe the ridiculous, she believes the ethically correct and morally righteous."[210] Dies wird besonders in der schon beschriebenen Episode, *Homer vs. Lisa and the 8*th *Commandment* deutlich, da Lisa hier ganz klar richtig und falsch zu unterscheiden vermag. Unrechtmäßig installierter Kabelanschluss ist falsch, denn Lisa hat aufmerksam und interessiert die ‚Sunday School' besucht, wo die 10 Gebote thematisiert wurden, die Gott Moses am Berg Sinai überreicht hat. Beseelt von der Überzeugung richtig von falsch zu trennen und dies auch ihrer Umgebung zu vermitteln, setzt sie das Gelernte um und spricht sich gegen diesen Kabelanschluss aus. Ob dies nun aus bibelfestem Glauben oder ethisch-moralischer Überzeugung geschieht, lässt sich nicht vollends feststellen, da Lisa genauso gut verfassungsfester Glaube unterstellt werden könnte. Am Ende, denn sie wird mehr als einmal von weltlicher wie geistlicher Instanz enttäuscht, zählt ihr eigener ethisch-moralischer Kodex.

„Science and Religion are to remain five hundred yards apart."[211] Mit diesen Worten beendet ein Richter einen Prozess, in dem Lisa der Zerstörung von (relativ besitzerlosem) Eigentum angeklagt und dann freigesprochen wurde. Alles fing damit an, dass ein menschliches Skelett mit Flügeln ausgegraben wurde. Ganz Springfield glaubt, dass dies das Skelett eines Engels sei. Lisa ist die Einzige, die sich offen und ohne Furcht dagegen ausspricht. Fast wütend fragt sie Marge, welche erwachsenen Menschen denn an Engel glauben würden, worauf Marge antwortet: „Your mother, for one." Die ganze Stadt bezeichnet Lisa als „the unbeliever" und als das Skelett plötzlich weg ist, bezichtigen alle die kleine Skeptikerin, denn sie „found something science couln't explain, so she had to destroy it." Nach dem der o. g. Prozess gegen Lisa beendet wurde, taucht das vermeintliche Engelsskelett auf einem Hügel wieder auf.

---

[209] The *Simpsons*: Episode 275 – *She of little Faith* 16.12.2001 (Episode 274 – *Allein ihr fehlt der Glaube* --.--.2002).
[210] Hall, James L.: *The Simpsons – Religious Dialogues in Prime-Time*, The *Simpsons* Archive <www.snpp.com/other/papers/jlh.paper.html> 24. November 2000 (wie gesehen am 10. August 2003).
[211] The *Simpsons*: Episode 186 – *Lisa the Sceptic* 23.11.1997 (Episode 182 – *Der Tag der Abrechnung* 16.10.1998).

Keiner weiß wie es dorthin gekommen ist, aber auf einem Schild steht: „The End Will Come at Sundown". Spätestens jetzt glauben alle, bis auf Lisa, an ein Wunder und fürchten das Kommen des Jüngsten Gerichts. Alle versammeln sich am Abend auf dem Hügel und nun ergreift selbst Lisa im Zuge der aufgeheizten Stimmung angsterfüllt die Hand ihrer Mutter. Nach einem Countdown der Städter ertönt eine tiefe Stimme: „Silence! Prepare for the end! The end of high prices! Behold, the grand opening of the Heavenly Hills Mall." Lisa ist jetzt nur noch wütender und beschimpft die auftauchenden Geschäftsleute: „You exploited people's deepest beliefs just to hawk your cheesy wares." Allerdings nehmen die restlichen Springfielder es nicht so genau und interessieren sich jetzt für die versprochenen Tiefpreise des neuen Einkaufszentrums. Allein mit ihrer Mutter bedankt sich Lisa dafür, dass sie ihre Hand im spannendsten Moment zurückgedrückt hat. Marge: „Anytime, my angel".

Im Gegensatz zu den anderen Familienmitgliedern pflegt Lisa keine vergleichbare persönliche Beziehung zu Gott. Das heißt nicht, dass sie sich nicht manchmal gen Himmel wendet. Lisa betet selten und auf ihre ganz eigene Art. „I need a miracle. C'mon, you owe me."[212] Lisa hat einen starken, aber eben keinen (*evangelical*) fundamentalen Glauben an Gott, "coupled with an equally strong commitment to issues identified with contemporary liberal activism."[213] Lisa ist laut Pinsky der Beweis dafür, dass es christlichen Glauben und christliches Handeln auch außerhalb des politisch - und sozial konservativen Spektrums gibt. Am Ende überzeugt dann auch der Fakt, dass Lisa ein 8-jähriges Schulkind ist, das sich oft mit Themen beschäftigt, die ihrem Alter kaum entsprechen. Trotz ihres jungen Alters nimmt sie eine relativ ‚isolierte' Position in Familie und Gemeinschaft ein und möchte dies aber auch gar nicht ändern. Im Gegenteil, oft kämpft Lisa um die Anerkennung ihrer ethisch-moralischen Überzeugungen, was meist fehlschlägt. „[Lisa] has a strong notion

---

[212] The *Simpsons*: Episode 210 – *Lisa Gets an A* 22.11.1998 (Episode 220 – *Die große Betrügerin* 13.12.1999).
[213] Pinsky, Mark I.: *The Gospel According to The Simpsons*, a. a. O., S. 46.

of ethics and dispenses educated and intelligent advise with Confucius-like aura."[214]

5.2.2 Springfield, eine spirituale Landkarte

Springfield und so sieht es auch Jeff Shalda „depicts Any Town, USA."[215] Religiöse Vielfalt lässt sich heutzutage überall in den USA ausfindig machen. Wie sich schon innerhalb der *Simpsons* eine spirituale Mannigfaltigkeit erkennen ließ, können auch in Springfield die verschiedensten Religionen ausfindig gemacht werden. Einige davon sollen hier beispielhaft behandelt werden, um der vielfältigen religiösen Landschaft, wie sie sich in Springfield offenbart, gerecht zu werden. Die Serie beschäftigt sich mehr oder weniger intensiv mit verschiedenen Religionen. Christen, Hindus und Juden werden personifiziert dargestellt. Doch es fällt auf, dass die Autoren keine explizite muslimische, also dem Islam angehörige Figur geschaffen haben. Al Jean, sagte in einem Interview, dass Muslims meist als Tabu betrachtet wurden. Die Gruppe der Autoren hatte Angst vor den Reaktionen der muslimischen Zuschauer, da sie glaubten, hier sehr schnell, als dem Islam gegenüber beleidigend, abgestempelt zu werden. „It's a faith where you don't want to offend, because we're not Muslim, and we're not sure what might be offensive."[216]

Zunächst wird der schon erwähnte Reverend Lovejoy in seiner Rolle als christlicher Priester näher beleuchtet. Danach werde ich mich dem extremistisch veranlagten Christen Flanders, dem Hindu Apu und dem Juden Krusty widmen. Doch beginnen möchte ich mit dem Reverend Timothy Lovejoy.

---

[214] Hall, James L.: *The Simpsons – Religious Dialogues in Prime-Time*, The Simpsons Archive <www.snpp.com/other/papers/jlh.paper.html> 24. November 2000 (wie gesehen am 10. August 2003).

[215] Shalda, Jeff: *Religion in the Simpsons*, The Simpson Archive <www.snpp.com/other/papers/jsh. paper.html>, (wie gesehen am 23.12.2003).

[216] Jean, Al: so zitiert in: Pinsky, Mark I.: *The Gospel According to The Simpsons*, a. a. O., S. 169.

Timothy Lovejoy – der Pastor

Oft wird Reverend Lovejoy seiner meist unkonventionellen Art wegen kritisiert. Als Repräsentant der Geistlichkeit sündigt er nur allzu oft direkt vor seiner Gemeinde. Gegenüber Gemeindemitgliedern wirkt er nicht selten verurteilend oder auch teilnahmslos. Dass er den Gedanken der Fürsorge bereits aufgegeben hat, wurde oben schon erwähnt. Dennoch zeigt sich immer wieder, dass er sich eigentlich nur mit Mühe einen Rat abringen kann, wenn ein Gemeindemitglied in Sorge ist. So ruft in der Episode *In Marge we Trust* Principal Skinner bei Lovejoy an und bittet ihn um Rat:

> Skinner: Reverend, [...]. I'm facing a crisis, and I didn't know to whom to turn.
>
> Lovejoy: All right.
>
> Skinner: Mother's gone to far – she's put cardboard over her half of the television. [...] What should I do?
>
> Lovejoy: Well, maybe you should read your Bible.
>
> Skinner: Um, any particular passage?
>
> Lovejoy: Oh, it's all good.

Als Reverend Lovejoy die Modernisierungsmaßnahmen an der Kirche, die vorstehend schon besprochen wurden,[217] im Gemeinderat verteidigt, wird auch Lisas Abkehr vom christlichen Glauben besprochen und wie sie wohl zurückzugewinnen wäre.

> Lovejoy: Well next on our agenda: Marge Simpsons Devil-Daughter.
>
> Marge: She is not a Devil. I just don't know what to do.
>
> Flanders: Well, Christmas is coming.
>
> Lovejoy: Yeah, and Santa doesn't leave presents under the bony tree.
>
> Marge: You think we can bribe her back with Christmas?
>
> Lovejoy: [die Bibel hochhaltend] Marge, you can save more souls with roller skates than with this two thousand page sleeping pill.

---

[217] Siehe hierzu *Lisa, die Zweitgeborene*. Die Kirche wird in der Folge *She of Little Faith* erneuert.

Lovejoy repräsentiert, wie es Dalton, Mazur und Siems sehen, „[...] all clergy – to their general misfortune".[218] Somit beschränkt sich seine Figur also nicht explizit auf den Protestantismus. Oft verweißt er auf übergreifende Traditionen oder gar Praktiken. Als Flanders herausbekommt, dass Bart, Lisa und Maggie niemals getauft wurden, ruft er verstört den dann sehr genervten Reverend an. Lovejoy: „Ned...have you thought about one of the other major religions? They're all pretty much the same. [hangs up]"[219] Ähnlich fertigt er Marges Bitte um einen Rat, ihre kriselnde Ehe betreffend, ab:

> Lovejoy: Get a divorse.
>
> Marge: But isn't that a sin?
>
> Lovejoy: Marge, -everything- is a sin. You ever sat down and read this thing? [hält eine Bibel hoch] Technically, we're not allowed to go to the bathroom.[220]

Als in *Bart's Comet* die Stadt von einem Solchen bedroht wird, versucht man mittels einer Rakete den Kometen aufzuhalten. Die Rakete verfehlt allerdings ihr Ziel und zerstört stattdessen eine Brücke außerhalb der Stadt:

> Lisa: It blew up the bridge! We're doomed.
>
> Homer: It's times like this I wish I were a religious man.
>
> Lovejoy: [die Straße runter laufend] It's all over, people! We don't have a prayer, argh...[221]

Nicht selten beschreibt Reverend Lovejoy Gott als rau und nachtragend. Als dringend Geld für den Wiederaufbau der Kirche benötigt wird und Marge dies auch ausspricht, schaut der Reverend gen Himmel: „Yes, bearing some sort of miracle [breitet die Arme gen Himmel aus und wartet wohl auf ein Zeichen. Als aber nichts pas-

---

[218] Dalton, Lisle, Eric M. Mazur und Monica Siems: *Homer the Heretic and Charlie Church – Parody, Piety, and Pluralism in The Simpsons*, In: Mazur, Eric M., Kate McCarthy: *God in the Details – American Religion in Popular Culture*, Routledge, New York – London 2001, S. 237.

[219] The *Simpsons*: Episode 131 – *Home Sweet Home-Diddily-Dum-Doodily* 01.10.1995 (Episode 128 – *Bei Simpsons stimmt was nicht!* 06.11.1996).

[220] The *Simpsons*: Episode 103 – *Secrets of a successful Mariage* 19.05.1994 (Episode 100 – *Ehegeheimnisse* 08.07.1995).

[221] The *Simpsons*: Episode 117 – *Bart's Comet* 05.02.1995 (Episode 113 – *Barts Komet* 15.10.1995).

siert:] All right, we'll help oureselves, yet again."²²² Es besteht kein Zweifel am Glauben Lovejoys, doch seine Praktiken sind nicht selten Ziel von Kritik. Die christlichen Führungsebenen, und Lovejoy ist „the show's strongest representation of the institution of religion"²²³, werden durch seine Person sehr kritisch dargestellt, weshalb kirchliche Reaktionen und Kritiken oftmals negativ ausfallen. Pinsky beschreibt ihn als „hypocritical and ocasionally venal, but he is not evil or immoral, merely human."²²⁴ Er stellt auch fest, dass der Reverend meist ein schlechtes Beispiel eines Priester abgibt. Lovejoys idealistische Träume, Optimismus und Euphorie für die geistliche Lehre sind nach vielen Jahren in Springfield auf der ‚Kanzel' geblieben. „Classic case of preacher burnout" nennt es Pinsky und findet es erstaunlich, dass ihm seine Schäfchen noch nicht reihenweise abhanden gekommen sind. Pinsky selber hat herausgefunden, dass es in vielen amerikanischen Denominationen zu Gruppenbildungen kommt, die manchmal in Abspaltung, Konversion oder Austritt enden.²²⁵ Warum nun halten die Springfielder Christen zu ihrem Priester, obwohl sie immer wieder von ihm enttäuscht werden? Jeden Sonntag sind die Reihen der Kirche gut gefüllt und *The First Church of Springfield*²²⁶ ist Springfields „central civic institution, second only to the town's community center."²²⁷ Doch die Probleme, die sonntäglich wiederkehren, sind amerikanischen *mainline* Kirchen²²⁸ nicht fremd. Schlafende Gottesdienstbesucher, gelangweilte

---

[222] The *Simpsons*: Episode 275 – *She of little Faith* 16.12.2001 (Episode 274 – *Allein ihr fehlt der Glaube* --.--.2002).
[223] Hall, James L.: *The Simpsons – Religious Dialogues in Prime-Time*, The Simpsons Archive <www.snpp.com/other/papers/jlh.paper.html> 24. November 2000 (wie gesehen am 10.08.2003).
[224] Pinsky, Mark I.: *The Gospel According to The Simpsons*, a. a. O., S. 70.
[225] Pinsky, Mark I.: a. a. O., S. 70. Pinsky spricht von Meinungsverschiedenheiten, wie biblische Interpretationen, Musik im Gottesdienst o.ä., was zu Gruppenbildung führen kann und auch heute noch, laut Pinsky, vermehrt vorkommt.
[226] Eigentlich *Springfield Community Church*, doch meist wie o.g.
[227] Pinsky: a. a. O., S. 70.
[228] Ausgenommen sind hier die *African-American Churches* und *White Pentecostal Congregations*, deren Gottesdienste keinem Schema gleichen, da sie eckstatisch und charismatisch abgehalten werden. Eine meist beeindruckende und wichtige Rolle spielt dabei die Musik. – Siehe dazu auch Pinsky, a. a. O., S. 74.

Gesichtsausdrücke und abschweifende Gedanken sind nicht zuletzt auf Lovejoys unglaublich langatmige und langweilige Predigten zurückzuführen. "The *Simpsons* implicitly affirms an America in which institutional religion has lost its position of authority and where personal expressions of spirituality have come to dominate popular religious culture."[229] Lovejoy bezeichnet seine Gemeindemitglieder mehr als einmal als sebstgefällig. Dass er aber selber einen guten Grund liefert, mag ihm dabei nicht bewusst sein. Seine Predigten sind bzw. scheinen nur allzu oft dem Alten Testament entnommen, da sie schwer verständlich, geheimnisvoll und mitunter auch blutig sind. So schallt es in *Bart's Girlfriend* von der Kanzel: „...and with flaming swords the Aramites did pierce the eyes of their fellow men, and did feast on what flowed forth...."[230] In *Faith Off* unterbricht Bart die Predigt und wirft Lovejoy vor, keinen Schwung in die Liturgie bringen zu wollen:

> Lovejoy: In his letter to the Corinthians, Paul instructed them to send ten copies to the Thessalonians and the Ephesians. But the Ephesians broke the chain, and were punished by the ...
>
> Bart: I've got two words for this sermon: [macht Schnarchgeräusche]
>
> Lovejoy: Am I boring you, Bart?
>
> Bart: Well, to be honest, yes.
>
> Lovejoy:Hey, I'm doing the best with the material I have.[231]

Auch wenn Lovejoy das Gespür für seine Gemeindemitglieder noch nicht ganz verloren hat, fühlt er sich oft nicht in der Lage, an der gegebenen Situation etwas zu verändern. "Today's Christian thinks he doesn't need God. He thinks he's got it made. He's got his hi-fi, his

---

[229] Dalton, Lisle, Eric M. Mazur und Monica Siems: *Homer the Heretic and Charlie Church – Parody, Piety, and Pluralism in The Simpsons*, In: Mazur, Eric M., Kate McCarthy: *God in the* Details, a. a. O., S. 232.

[230] The *Simpsons*: Episode 110 – *Bart's Girlfriend* 06.11.1994 (Episode 106 – *Barts Freundin* 19.08.1995).

[231] The *Simpsons*: Episode 237 – *Faith Off* 16.01.2000 (Episode 237 – *Bart hat die Kraft* 06.11.2000).

boob tub, and instant pizza-pie."[232] Dennoch sind Reverend Lovejoy und die ‚First Church of Springfield' zwei Instanzen, die Springfield zusammenhalten, da beide den größten Teil der Bevölkerung repräsentieren. Auch wenn beide Instanzen von „failures and weaknesses"[233] gekennzeichnet sind, hält dies doch die Gemeindemitglieder nicht davon ab, jeden Sonntag zum Gottesdienst zu strömen, denn die Kirchenbänke der ‚First Church of Springfield' sind immer gut gefüllt. Genauso wenden sich, wie schon mehrfach beschrieben, viele Gemeindemitglieder, Rat suchend, an den Reverend, wobei es nicht nur auf die Qualität seiner Ratschläge ankommen darf, sondern vielmehr auf die lebendige und sichtbare Kommunikation, die zwischen der geistigen Instanz und der Ebene der Gemeindemitglieder stattfindet. Lovejoy ist in seinem Glauben relativ unbeständig, wenn nicht genauso wankelmütig wie die meisten Springfielder selbst. Seine Predigten sind entweder leblos oder brutal. Doch immer wieder äußert er gen Himmel schauend religiöse Kritik. Sein Glaube scheint nicht selten eher finanziell zu sein, als spiritual. Damit äußern die Autoren der Serie indirekte Kritik an der Finanzpolitik aller religiösen Institutionen, da Reverend Lovejoy, der seinem Namen gar keine Ehre macht, die Kirche im allgemeinen vertritt. Finanzielle Prioritäten, oberflächlicher Dienst an Gott und Gleichgültigkeit gegenüber religiösen Interessen und - Belangen der Kirche werden durch Lovejoy und die ‚First Church of Springfield' und somit durch die Serie selbst karikiert. Außerdem steht er symbolisch für die sich intensivierende Eigennützigkeit des Christentums, was in den Vereinigten Staaten besonders an der ausnehmend großen Anzahl der christlichen Denominationen, wie o.g. sind es ca. 1200, gemessen werden kann. Doch genau dies repräsentiert Reverend Lovejoy, wenn er Apus Religion unter ‚Verschiedenes' einsortiert, wie es in *Homer the Heretic* passiert:

> Lovejoy: [...] be they [zeigt auf Ned Flanders] Christian, [zeigt auf Krusty] Jew, or [zeigt auf Apu] miscellaneous.
>
> Apu: [wütend] Hindu! There are 700 million of us.

---

[232] The *Simpsons*: Episode 26 – *Homer vs. Lisa and the 8th Commandment* 07.02.1991 (Episode 26 – *Das achte Gebot* 27.03.1992).
[233] Pinsky: a. a. O., S. 90.

Lovejoy: [herablassend] Aw, that's super.

Dieses Beispiel verdeutlicht seine Ungewissheit sowie sein Unverständnis anderen Konfessionen gegenüber. „Lovejoy ‚worships' the words, but needs others in *The Simpsons* universe to discover the ‚feelings' of true religion."[234]

Ned Flanders – der christliche Nachbar

Im Gegensatz zu Lovejoy nimmt Ned Flanders seinen Glauben extreme ernst. Immer wieder wird er auf Grund seiner oft weltfremden Art, den christlichen Glauben zu leben, kritisiert. Ned Flanders "portrays Christians as being out of touch with reality. It makes anyone who follows God look like a fool."[235] Diesem Eindruck kann man sich oberflächlich betrachtet tatsächlich kaum erwehren und die Kritik scheint verständlich. Doch bei genauer Betrachtung und intensiver bzw. aufmerksamerer Rezeption der Serie wird deutlich, dass Ned Flanders nur einen bestimmten christlichen Typus verkörpert, nämlich einen in Ansätzen fundamentalen aber ehrlichen Christen. Ihm geht nichts über die heilige Schrift. Die Bibel hat er gleich in mehreren Übersetzungen und das Lieblingsspiel seiner Kinder ist, Bibelstellen zu zitieren bzw. zu erraten. Al Jean, ausführender Produzent der Serie, sagt über die Figur Flanders: „We don't mock Ned's faith. We actually think he's a guy with a lot of wonderful qualities...Ned is everything Homer would love to be, although he'll never admit it."[236] Religion durchzieht jeden Winkel in Ned Flanders Leben. Selbst Hausklingel und Autohupe verleihen ein Flair von Halleluja und Engelchören. Doch Ned musste auch Rückschläge einstecken. So stirbt seine Frau Maude bei einem sinnlosen Unfall und Ned stellt seinen Glauben und Gott für kurze Zeit in Frage. Seine Söhne Rod und Todd stehen seinem Glauben in nichts nach. Dass sie aber

---

[234] Lewis, Todd V.: *Religious Rhetoric and the Comic Frame*, a. a. O., S.160.
[235] Reverend Francis Chan: so zitiert in: Kisken, Tom: *The Gospel of Homer – Sarcastic Cartoon Show is not without its Spiritual Moments*, Ventura Country Star, 04. September 1999.
[236] So zitiert in: Rhodes, Joe: *Flash! 24 Simpsons Stars Reveal Themselves*, TV-Guide, 21. Oktober 2000, In: The Simpsons Archive

noch Kinder sind, sieht man nicht zuletzt daran, dass sie genauso wie Bart gern mit *video games* spielen. Doch schon solch kindlicher Spieltrieb wird moralisch und pädagogisch hinterlegt. So heißt eines ihrer Spiele ‚Billy Graham's Bible Blaster'. Hier versuchen sie Menschen anderer Konfessionen mit Bibellasern zu treffen, die dann prompt zum Christentum konvertieren.[237] Homer kann den religiösen Eifer seiner Nachbarn nicht verstehen und als er eines Tages fluchend in seinem Garten steht, schnappt Todd einiges davon auf:

> Maude: Todd, would you like some mixed vegetables?
>
> Todd: Hell, no!
>
> Ned, Maude, Rod: [nach Luft ringend]
>
> Maude: What did you say?
>
> Todd: I said I didn't want any damn vegetables.
>
> Ned: All right, that's it, young man. No Bible stories for you tonight![238]

Natürlich ist Ned auch ein regelmäßiger Kirchgänger und nicht von ungefähr hat er die Telefonnummer des Reverend Lovejoy als Schnellwahltaste gespeichert. Homer und Ned haben eine nachbarschaftliche Beziehung, die häufig aus Hass aber mitunter auch aus Zuneigung besteht. So hasst Homer Ned den überwiegenden Teil der ausgestrahlten Episoden. Selten kommt es dazu, dass Homer freundschaftliche Gefühle gegenüber Ned äußert. Dennoch gibt es solche Episoden, wie z.B. *Homer Loves Flanders*. Hier zeigt Homer derart viel Zuneigung gegenüber Ned, dass dieser anfängt Homer zu hassen. ‚Normalerweise' kann Homer noch so negativ sein, noch so miesepetrig und noch so voller Gemeinheiten, Ned reagiert immer gut gelaunt. Doch kaum möchte Homer sein bester Freund sein und erwartet jede Menge Aufmerksamkeit, ist Ned genervt und gar nicht mehr so ‚okilly-dokilly'. Was aber Ned nicht zum Vorwurf gemacht werden darf, ist Heuchelei. Er ist ein wahrer Christ und ein

---

<www.snpp.com/other/artcles/flash.html> (wie gesehen am 13. Oktober 2003).

[237] The *Simpsons*: Episode 240 – *Alone Again Natura-Diddily* 13.02.2000 (Episode 240 – *Ned Flanders: Wieder allein* 27.11.2000).

[238] The *Simpsons*: Episode 50 – *Bart the Lover* 13.02.1992 (Episode 47 – *Die Kontaktanzeige* 26.01.1993).

tiefgläubiger Mensch. Mitunter mag seine Figur Anlass zum Lachen geben, da sie satirisch und komisch dargestellt wird, doch sein Glaube wird niemals irgendeinem verletzenden Spott ausgesetzt. Ausnahmen sind die Momente, in denen Ned die Grenzen des menschlichen Zusammenlebens und des Verständnisses füreinander und vor Allem die Grenzen der Toleranz, seines Glaubens wegen überschreitet. So geschehen in *Home Sweet Home-Diddily-Dum-Doodily*.[239] Hier versucht Ned, ohne Erlaubnis der Eltern, die beiden Simpson Kinder Bart und Lisa zu taufen, was Homer in letzter Sekunde verhindern kann. „The continuum of acceptance and rejection allows critics to unravel the essence of Ned Flanders' persona as a representative of the evangelical Christian in American society."[240] Ned wird nicht als dumm oder automatisiert dargestellt, sondern als glaubenstreuer Christ, der durchaus, wenn auch selten, seinen Glauben in Frage stellt. Die Autoren der Serie haben mit Ned eine Figur geschaffen, die weder vollkommen, noch extrem fundamentalistisch ist. Dagegen spricht beispielsweise ein Ausflug nach Las Vegas, wo er im Vollrausch eine Kellnerin (nicht offiziell) heiratet.[241] Vorher, in der selben Episode, kommt eines Sonntags heraus, dass Ned bereits sechzig Jahre alt ist. Darauf wollen alle sein Geheimnis wissen, denn Ned sieht weitaus jünger aus.

> Lenny: What's your secret, Flanders? Goat placenta? Monkey sweat?
>
> Carl: Some kind of an electric hat?
>
> Moe: Holy water? It's holy water, right? [spritzt etwas in sein Gesicht] Aaah! It burns!
>
> Ned: Listen folks, there's no magic formula. I just follow the three "c"s: clean living, chewing thoroughly, and a daily dose of vitamin "church!"
>
> Ned: And of course, I resist all the major urges.
>
> Mel: All of them?

---

[239] The *Simpsons*: Episode 131 – *Home Sweet Home-Diddily-Dum-Doodily* 01.10.1995 (Episode 128 – *Bei Simpsons stimmt was nicht!* 06.11.1996).
[240] Lewis, Todd V.: *Religious Rhetoric and the Comic Frame*, a. a. O., S.158.
[241] The *Simpsons*: Episode 213 – *Viva Ned Flanders* 10.01.1999 (Episode 207 – *Wir fahr'n nach Vegas* 24.11.1999).

Marge: You mean you've never splurged and say, eaten an entire birthday cake and blamed it on the dog?
Edna: You've never licked maple syrup off your lover's stomach?
Bart: You've never snuck out of church to break into cars?
Ned: No, no, and double no! I haven't done any of those things, folks. You name it, I haven't done it!
Homer: Geez, Flanders, you're sixty years old and you haven't lived a day in your life!

Es ist seinem Charakter möglich, sich auf unschuldige, fast naive Art beim Zuschauer beliebt zu machen, denn meistens repräsentiert Ned das Gute und Reine dieser Welt, was er auch für seine Kinder möchte. Neds gesamtes Leben und das Leben seiner Familie wird durch einen Moralkodex bestimmt, an dem auch nach Rückschlägen festgehalten wird. „Ned Flanders does represent a large group of fervent and loyal adherents to conservative Christian values."[242]

Apu Nahasapeemapetilon – der hinduistische Immigrant

Dass es in Springfield eine religiöse Vielfalt gibt, wie man sie auch in den Vereinigten Staaten findet, lässt sich u.a. an Apu Nahasapeemapetilon zeigen. Er verkörpert nicht nur die Minderheit der Immigranten, sondern gleichzeitig den hinduistischen Glauben. Aus Indien kommend, hat es der manierliche Apu in Springfield mit seinem Kwik-E-Mart zu bescheidenen Mitteln gebracht. Nicht selten hat Apu mit der Ignoranz und Intoleranz der Bewohner Springfields zu kämpfen. Lovejoy degradiert Apus Religion, indem er sie als ‚Verschiedenes' bezeichnet, wie ich es oben schon beschrieben habe. In *Homer the Heretic* geht Homer, der sich in dieser Folge für ein Leben ohne sonntäglichen Kirchgang entschieden hat, zum Kwik-E-Mart. Dort kauft er ‚Duff' Bier und Zigarren, um sein religionsfreies Leben zu zelebrieren. Als er Apu fragt, warum er denn nicht in der Kirche sei, verweist dieser auf den seinem Gott ‚Ganes-

---

[242] Lewis, Todd V.: *Religious Rhetoric and the Comic Frame*, a. a. O., S.159.

ha'[243] geweihten Schrein, der im Hinterzimmer des Kwik-E-Marts steht. Homer geht daraufhin auf den mehrarmigen Elefanten zu und sagt:

> Homer: Hey, Ganeesha. Wanna peanut?
> Apu: Please do not offer my God a peanut. [...]
> Homer: No offense Apu, but when they were handing out religions, you musta been out taking a whiz.

Oberflächlich mag diese Szene lustig erscheinen, doch die sehr sarkastische und auch verletzende Bemerkung, auch wenn sie aus dem Mund Homers kommt, resultiert aus einem typischen vorurteilsbehafteten Amerika, wie es zumindest die Autoren der Serie sehen. Von vielen „evangelical Christians" als „pagans" oder „heathens" abgestempelt, spiegeln Homers verächtliche Bemerkungen die auch heute noch anhaltenden Vorurteile gegenüber Hindus in den Vereinigten Staaten.[244] Laut Brett Mullin neigen Menschen dazu, erniedrigend und degradierend auf alles zu reagieren, was in irgendeiner Form ‚anders' ist. Daher benutzen die Macher der Simpsons Homers grobe und unverblümte Mentalität, um diese Form der amerikanischen Bigotterie zu entlarven.[245]

Groening wollte in seiner Serie einen Charakter, den es so noch nicht im amerikanischen Fernsehen gegeben hat. Al Jean sagte in einem Interview von 2000: „we were worried he might be considered an offensive stereotype."[246] In vielerlei Hinsicht entspricht Apu tatsächlich einem Stereotyp. Er verkörpert die aus Asien stammenden Immigranten Nord Amerikas und ist ein hervorragendes Beispiel von Angehörigen einer Minderheit. Dass er sich bereits im Stadium der Assimilation befindet, beweist u.a. sein Sinn für kapita-

---

[243] *Ganesha* bedeutet *Herr der Schar*, das heißt des Gefolges von Shiva (einer der drei Hauptgötter des Hinduismus). Ganesha ist der indische Gott der Schreibkunst und Weisheit; meist dickbäuchig mit Elefantenkopf dargestellt. Vgl.: Bibliographisches Institut & F. A. Brockhaus AG, 2001.
[244] Vgl.: Pinsky, Mark I.: *The Gospel According to The Simpsons*, a. a. O., S. 148.
[245] Vgl.: Mullin, Brett: *The Simpsons – Am. Satire*, <www.snpp.com/other/papers/bm.papers.html> (wie gesehen am 23.12.2003).

listische Geldwirtschaft. So verlangt er horrende Preise in seinem Laden, wie in Homer and Apu deutlich wird. Hier verlangt Apu $1,85 für eine 29-Cent Briefmarke und $4.20 für gerade mal $2.00 Benzin.[247] Außerdem sei hier sein achtloser Umgang mit der Mindesthaltbarkeit von verderblichen Produkten erwähnt. „I think he really loves his job and the power that it gives him to frustrate other people."[248]

Dennoch ist Apu ein Hindu, der seinem Glauben gegenüber ergeben ist und diesen auch nach außen hin zelebriert. Dass er stellenweise bestimmte Grundsätze seines Glaubens missachtet bzw. vergisst, steht außer Frage, ist aber zum Einen nur menschlich und zum Anderen auch auf den Prozess seiner Assimilation in die amerikanische Gesellschaft zurückzuführen. Es wird in vielen Episoden deutlich, dass Apu den Hinduismus würdig vertritt. Dann nämlich, wenn er Werte wie: Meditation, religiösen Pluralismus und dessen Akzeptanz und Toleranz, Vegetarismus und Reinkarnation, Assimilation o.ä. artikuliert und damit versucht, Elemente des Hinduismus, der indischen Kultur und der Lage der Immigranten seiner Umgebung zu vermitteln. In *Lisa the Vegetarian* erklärt Apu „I learned long ago, Lisa, to tolerate others, rather than forcing my beliefs on them. You know, you can influence people without badgering them always. It's like Paul's [Paul McCartney] song, „Live and Let Live".[249] Auch wenn die Autoren Apu hier einen falschen Titel nennen lassen, wird doch deutlich, wie Apu die amerikanische Sicht seines Lebens und das vieler Immigranten bewertet und verarbeitet. Pinsky bezeichnet diese Szene als einen wohlverdienten Schlag ins Gesicht der Anti-Immigranten Hysterie in Kalifornien in den 90er Jahren.[250] Die Autoren nehmen damit bewusst Bezug auf die 1994 von

---

[246] So zitiert in: Rhodes, Joe: *Flash! 24 Simpsons Stars Reveal Themselves*, a. a. O., 2000.
[247] The *Simpsons*: Episode 94 – *Homer and Apu* 10.02.1994 (Episode 91 – *Apu der Inder* 06.05.1995).
[248] So zitiert in: Rhodes, Joe: a. a. O.
[249] The *Simpsons*: Episode 133 – *Lisa the Vegetarian* 15.10.1995 (Episode 130 – *Lisa als Vegetarierin* 08.11.1996).
[250] Vgl.: Pinsky, Mark I.: *The Gospel According to The Simpsons*, a. a. O., S. 149.

den Kaliforniern verabschiedete ‚Proposition 187'.[251] Diese verweigert „public social service, publicly-funded health care, and public education to people who are suspected of being illegal immigrants."[252] In der Folge *Much Apu About Nothing* nehmen die Autoren mit einer eigens erfundenen ‚Proposition 24' Stellung.[253] Springfield wird von einem nach Futter stöbernden Bären heimgesucht und wieder verlassen. Doch weil das immer wieder geschehen könnte, wird eine Bärenpatrouille gegründet. Aufgrund dieser Patrouille wird dann bald eine Steuer auf eben diese erhoben, was einiges Entsetzen hervorruft. Als Schuldige werden die illegalen Immigranten ausgemacht, die per ‚Proposition 24' vertrieben werden sollen. Der aufgebrachte Mob bringt den Bürgermeister dazu, dieses Referendum anzusetzen. Als Homer aber bemerkt, dass auch Apu ein illegaler Immigrant ist, denn er hat sein Visa nicht verlängern lassen, möchte er die Proposition nicht mehr unterstützen. Am Ende wird sie tatsächlich verabschiedet, doch Apu entgeht der Deportation, da er lange genug in den Vereinigten Staaten gelebt hat, um einen Staatsangehörigkeitstest machen zu dürfen, den er besteht.[254] In dieser Folge wird u.a. der Zusammenhalt der Familie Simpson deutlich, denn einer nach dem anderen begreift die Sinnlosigkeit dieser Proposition. Während die Stadtbevölkerung gegen illegale Immigranten zieht, leugnet Apu seinen Glauben, um einem idealisierten Amerikabild zu entsprechen. Doch schon kurze Zeit später sagt er: „I cannot deny my roots and keep up this charade."

---

[251] Der im November 2003 neu gewählte kalifornische Gouverneur und Republikaner Arnold Schwarzenegger hat laut Mercury News 1994 für die Proposition 187 gestimmt. (wie gesehen auf <www.mercurynews.com> vom 11. Aug. 2003) Dies wirkt verwunderlich, da er selber als Immigrant in den 70er Jahren nach Amerika gekommen ist und erst 1983 die US Staatsbürgerschaft erhalten hat.
[252] Alonso, Alejandro: *Proposition 187*, University of Southern California 1996, <www.soyboricua. com/alonso/Academic/187.html (wie gesehen am 16. Dez. 2003).
[253] Vgl.: Frost, Michael: *Discourse Stu Likes Discourse Theory*, University of Sydney, 2001, In: The Simpsons Archive <www.snpp.com/other/papers/mf2.paper.html> (wie gesehen am 12. Dez. 2003).

Die Perzeption der Figur ‚Apu' fällt unter den amerikanischen Hindus unterschiedlich aus. Es gibt viele, die Apu als schlechtes Rohmodell ihrer Kultur und ihres Glaubens sehen, da sie den in der Serie dargestellten Hinduismus als mit Füßen getreten betrachten, wie es Pinsky beschreibt.[255] Der den Amerikanern gezeigte Hinduismus entspräche nicht der Realität und würde ein falsches Bild in der Gesellschaft erzeugen. Im Grunde läuft aber das Ziel der Autoren darauf hinaus, ein ähnliches Schema zu verwenden, wie sie es auch für die anderen dargestellten Religionen nutzen. Stereotypische Vorstellungen und Voreingenommenheit gegenüber fremden Ideen und Überzeugungen, wie sie die amerikanische Gesellschaft prägen, werden vorgeführt. „But more than making fun of Hinduism, the writers tend to mock people's perception of Hinduism. They do the same with Christianity."[256]

Herschel Shmoikel ‚Krusty' Krustofsky – der jüdische Clown

Als letzte eine Religion verkörpernde Figur soll nun Herschel Shmoikel ‚Krusty the Clown' Krustofsky untersucht werden. Das Team der Autoren bestand immer, auch wenn Leute kommen und gehen, zum Teil aus Juden, wie es der langjährige Autor Mike Reiss sagt.[257] Sie haben eine kleine jüdische Gemeinschaft in Springfield geschaffen, zu der neben Krusty und seinem Vater Rabbi Hyman Krustofsky auch der Fernsehreporter Kent Brockman gehört. Wie in der Realität der „small Protestant commumities in the American heartland"[258] sind es solche kleinen, außenstehenden Gruppen, die marginalisiert und missverstanden werden. In zahlreichen Episoden werden Probleme der Assimilation und Fragen des allgemeinen Verständnisses eines überwiegend christlichen Amerikas erörtert. Beim Gottesdienst der christlichen ‚First Church of Springfield' in

---

[254] The Simpsons: Episode 151 – *Much Apu About Nothing* 05.05.1996 (Episode 146 – *Volksabstimmung in Springfield* 02.12.1996).
[255] Vgl.: Pinsky, Mark I.: The Gospel According to The Simpsons, a. a. O., S. 152.
[256] Stella, Fred: so zitiert in: Pinsky, Mark I.: a. a. O., S. 153.
[257] Reiss, Mike: so zitiert in: Pinsky, Mark I.: a. a. O., S. 129.
[258] Pinsky, Mark I.: a. a. O., S. 131.

der Episode *In Marge We Trust* fällt auf, dass Kent Brockman in der dritten Reihe nahe den Simpsons sitzt. Sein richtiger Name ist Kenny Brockelstein, der auch schon gesehen wurde, wie er einen Anhänger mit der Aufschrift *c'hai* (hebräisch für *Leben*) getragen hat. Er hat sich also von seinem Glauben der Assimilation wegen abgewandt. Doch dann wiederum trägt er noch das hebräische Symbol für Leben. Somit hat er seinen Glauben doch nicht komplett aufgegeben, oder zumindest nur oberflächlich, wie es viele Juden im Laufe der europäischen Geschichte getan haben.[259]

Krusty ist Barts auserkorener Fernsehheld und Lieblingsclown. Er ist augenscheinlich alles andere als anständig und religiös. Dalton, Mazur und Siems nennen ihn eine „gross caricature of a stereotypically secularized Jew"[260], der nicht nur korrupt, kriminell, geldgierig und ruhmsüchtig ist, sonder auch abhängig von Zigaretten, Glücksspielen und, wie er selbst sagt: „Oh, my beloved pornography!"[261]. Weiterhin ist er depressiv, er kann Kinder trotz seiner eigenen täglichen Kindersendung nicht leiden und in *Bart the Fink* täuscht er sogar, getrieben durch die große Steuerschuld gegenüber dem Finanzamt, sein eigenes Ableben vor. Einer der seltenen Momente, in denen Krusty seinem Glauben Ausdruck verleiht, ist ein Tischgebet in *Like Father, like Clown*. Eingeladen zum Essen bei den Simpsons obliegt dem Gast die Ehre, ein Tischgebet zu sprechen. Krusty: „Baruch ata adonai eloheinu, melech ha'olam, hamotzi lechem min ha'aretz."[262] Homer belächelt dies zunächst als „funny-talk". Doch Lisa klärt ihn über den hebräischen Ursprung des Gebetes auf und

---

[259] Ich denke hier besonders an die Judenverfolgung unter den Nationalsozialisten, aber auch die Zwangskonvertierung spanischer Juden während der Regentschaft des spanischen Königspaares Isabella I. von Kastilien und Ferdinand II. von Aragonien um 1492. Wobei dies Teil der *Reconquista* war, also der Rückeroberung der seit 711 von den Mauren besetzten Iberischen Halbinsel.

[260] Dalton, Lisle, Eric M. Mazur und Monica Siems: a. a. O., S. 236.

[261] The *Simpsons*: Episode 143 – Bart the Fink 11.02.1996 (Episode 138 – Bart ist an allem Schuld 20.11.1996).

[262] Dies ist das sogenannte Brachah über Brot (bevor man es verzehrt). Es bedeutet: *Gelobt Seist Du, Ewiger unser G'tt, König der Welt, der Du das Brot aus der Erde hervorbringst.* So gesehen auf <www.talmud.de/Brachot.htm> am 01.01.2004.

schlussfolgert: „Krustys must be Jewish".[263] Es spricht hier sehr für Krusty ein Gebet auf Hebräisch zu rezitieren, denn so weit kann er nicht vom Glauben abgefallen sein, wenn ihm die Worte seines Glaubens noch im Kopf stecken. Dass er, was die religiösen Praktiken angeht, etwas unsicher ist, zeigt er durch das Falten seiner Hände, was jedweder jüdischen Tradition und Gebetsmethode entbehrt. Als die Simpsons anfangen darüber zu debattieren, welche Prominenten jüdischen Glaubens sind, bricht Krusty in Tränen aus. Krusty erzählt daraufhin die Geschichte seiner Jugend. Sein Vater, Hyman Krustofsky, ist Rabbi und schon dessen Vorväter waren Rabbis. Krusty sollte also beruflich die gleiche ihm praktisch in die Wiege gelegte Laufbahn einschlagen, was er bekanntlich nicht getan hat. Dies resultierte in einem Vater-Sohn-Streit, der seit 25 Jahren andauert und ein Ende ist nicht in Sicht, auch wenn Krusty fast täglich an seinen Vater denkt. Der aber will, auch wenn Bart und Lisa viele Versuche unternehmen, Vater und Sohn zusammenzubringen, nichts von Krusty wissen: „[...] my boy broke my heart. He turned his back on our traditions, on our faith and on me."[264] In vielerlei Hinsicht hat der Rabbi damit vollkommen Recht. Neben den oben bereits genannten glaubensfremden, negativen Charakterzügen kommt, dass Krusty selbst seinen Name für ein reichlich unkoscheres Sandwich hergibt. Es besteht aus „[...] ham, sausage, and bacon, with a smidge of mayo. ... On white bread."[265] Darüber ist der Rabbi sehr erzürnt. Doch auch er ist nicht perfekt in seinem Glauben. Lisa und Bart wollen Krusty so sehr helfen, dass sie sogar stundenlange Recherche in der Bibliothek auf sich nehmen. Dabei lesen sie, das heißt vor Allem Lisa, im *Babylonian Talmud*, *The Big Book of Chosen People*, *Views on Jews* und *Jewishness Revisited*. Im Babylonian Talmud steht: „A child should be pushed aside with the left hand and drawn closer with the right." Dies halten sie dem Rabbi dann vor. Der aber hält mit dem fünften Gebot dagegen: „Honor thy father and thy mother," womit diese Runde an den Rabbi

---

[263] The *Simpsons*: Episode 41 – *Like Father, Like Clown* 24.10.1991 (Episode 138 – *Der Vater eines Clowns* 11.01.1993).
[264] ebenda.
[265] Eine Kellnerin zu Rabbi Krustofsky als dieser ungläubig erkennt, dass es ein nach seinem Sohn benanntes Sandwich gibt. In: ebenda.

geht. Doch Lisa gibt nicht auf und findet schließlich „some dynamite stuff from the Rabbi Simon ben Eliezer", ein Talmudgelehrter aus dem zweiten Jahrhundert. „All times let a man be supple as a reed and not rigid as a cedar." Doch auch jetzt weiß Rabbi Krustofsky eine Antwort und zitiert aus dem Buch Joshua: „You shall meditate on the Torah all day and all night." Wieder ‚gewinnt' der Rabbi den Schlagabtausch. Doch dann ein letzter Versuch, wobei Bart folgendes zum Rabbi sagt:

> Bart: The Jews are a swinging bunch of people. I mean, I've heard of persecution, but what they went through is ridiculous. But the great thing is, after thousands of years of waiting and holding on and fighting, they finally made it.

Daraufhin ist der Rabbi sehr beeindruckt und fragt nach dem Namen des berühmten Rabbis, der diese Worte gesprochen haben muss. Als er erfährt, dass dieses Zitat aus *Yes, I Can*, der Autobiographie von Sammy Davis Jr. stammt, ist er sehr überrascht. Davis ist nämlich nicht nur Entertainer, er konvertierte auch zum jüdischen Glauben. Rabbi Krustofsky wurde mit einfachen aber treffsicheren Worten umgestimmt und versöhnt sich mit Krusty. Um den neuen Vater-Sohn-Deal komplett zu machen, wirft der Rabbi seinem Sohn eine Torte ins Gesicht, wozu sie „Oh, Mein Papa" vom jüdischen Schnulzeninterpreten Eddie Fischer aus den 50er Jahren singen.

Diese Episode zeigt deutlich die intensiven Möglichkeiten der Macher der Serie. Darstellungskraft und Dialogwitz, genauso wie der substanzielle und intelligente Umgang mit jüdischen Themen und Inhalten sind überzeugend und gut recherchiert. An eine Talmud-Lehrstunde zwar erinnernd, war die Episode doch aber keineswegs vergleichbar mit einer regulären Religionsstunde. Die komödiantische und unterhaltende Methode, den zum Teil auch trockenen Stoff darzustellen, überzeugt dabei auch Angehörige des Judaismus'. So sagt Rabbi Daniel Wolpe der Gemeinde Ohlei Rivka in Orlando:

> That's a great Episode! First of all, because of the use of real Jewish source. Second of all, because it was an interesting

take on the greatest of contemporary Jewish dilemmas, which is the battle between tradition and modernity.[266]

Diese für Krusty, seinen Vater, den jüdischen Glauben und für die jüdischen Traditionen erfolgreiche Episode, muss allerdings auch relativiert werden. Denn so intensiv sich die Autoren hier auch mit dem Judaismus beschäftigen, bleibt doch Krustys Verhältnis seiner Religion und seiner Kultur gegenüber gespalten. Oft besteht sein jüdisches Kulturverständnis in stereotyper Darstellung jüdischer Geldwirtschaft. So produziert er beispielsweise, um auch Weihnachten Werbung machen zu können, eine *Krusty Kinda Kristmas* Spezialsendung.[267] Bart und Homer sehen sich in *Lisa's Sax* die fiktive Verfilmung seiner Biographie an, die schon im Titel ein recht unorthodoxes Leben ‚erahnen' lässt: ‚The Krusty the Clown Story: Booze, Drugs, Games, Lies, Blackmail, and Laughter'.[268] Aber es gibt neben seinen Verfehlungen und seinem oft allzu menschlichen Verhalten eine gewisse jüdische Art an Krusty, die sich z.B. in seinem häufigen Gebrauch von yiddischen Ausdrücken und Redewendungen äußert. So erfolgreiche und viel eher als ‚Jüdisch' angesehene Serien, wie z.B. *Seinfeld*, können nicht ansatzweise solch tiefgründiges jüdisches Potenzial und jüdischen Humor aufweisen, den schon der Hollywoodmime Mel Brooks als „another defense against the universe"[269] bezeichnete.

---

[266] Wolpe, Daniel: so zitiert in: Pinsky, Mark I.: a. a. O., S. 140.
[267] The *Simpsons*: Episode 139 – *Marge be not Proud* 17.12.1995 (Episode 134 – *Das schwarze Schaf* 14.11.1996).
[268] The *Simpsons*: Episode 181 – *Lisa's Sax* 19.10.1997 (Episode 177 – *Die Saxophon-Geschichte* 09.10.1998).
[269] Pinsky, Mark I.: a. a. O., S. 130.

6 Fazit und Schluss

> All these Questions! Is a little blind faith too much to ask for?
>
> Miss Allbright, Sunday School Teacher, 1990[270]

Die *Simpsons* sind ein Kulturprodukt, eine zum Verkauf gebotene Ware, die zu einem hohen Grade die Konsumgesellschaft anprangern, aber doch selbst ein Teil dieser konsumentenhaschenden Kulturindustrie sind. Die kleinen gelben Populärkulturträger können sich nur deshalb ihre tägliche halbe Stunde Subversivität zur Hauptsendezeit erlauben, weil seit Jahren die Quote stimmt. Die *Simpsons* sind Philosophen, sie sind Aufklärer! Sie klären unterhaltsam und ausführlich auf, aber die Bedingungen gibt die Kulturindustrie vor. „Je fester die Positionen der Kulturindustrie werden, um so summarischer kann sie mit dem Bedürfnis der Konsumenten verfahren, es produzieren, steuern, disziplinieren, selbst das Amüsement einziehen: dem kulturellen Fortschritt sind da keine Schranken gesetzt."[271] Dabei schwört die Kunst ihrer eigenen Autonomie ab und reiht sich stolz unter die Konsumgüter, wie Horkheimer und Adorno, das Merkmal der industriellen Kulturproduktion weiterzeichnen. Dieser fehlenden Autonomie sind sich die *Simpsons* durchaus bewusst. In *Behind the Laughter*, der letzten Episode der elften Staffel, reflektieren die *Simpsons* kritisch ihr eigenes Dasein und gewähren Einblick hinter die Kulissen ihrer nuklearen Familienwelt. Im Stil eines Dokumentarfilms erläutern die Mitglieder der Familie Simpson, wie sie ihren eigenen Ausverkauf miterleben. Während aber Horkheimer und Adorno von einer „sich selbst liquidierenden Kunst" sprechen, nutzen die *Simpsons* ihr postmodernes und aufklärendes Image als subversives Konzept, das ihrer eigenen Abhängigkeit von der Kulturindustrie einen Weg bereitet, diese durch Satire zu hinterfragen.

---

[270] Vgl.: The *Simpsons*: Episode 8 – *The Telltale Head* 25.02.90 (Episode 8 – *Bart köpft Ober-Haupt* 08.11.91).

[271] Horkheimer, Max, Theodor W. Adorno: Dialektik der Aufklärung – Philosophische Fragmente, Suhrkamp, Frankfurt am Main 1984, S.166.

Mittlerweile schreiben die *Simpsons* Fernsehgeschichte, da sie die am längsten laufende Prime Time Animationsserie sind, die jemals über die Bildschirme flimmerte. Das *Simpsons*che Konzept, Komödie, Slapstick bzw. Burleske und auch Satire zu vereinen, um nicht nur einen porträtierenden Blick auf die amerikanische Kulturindustrie zu werfen, sondern auch und in hohem Maße auf die amerikanische Familie sowie die amerikanische Religion, geht seit fast 15 Jahren auf.

Die *Simpsons* sind keineswegs anti-religiös, da Religion als normaler und auch regulärer Teil ihres Lebens eine nicht unwichtige Rolle spielt. Oberflächlich betrachtet, erweckt die Serie durchaus den Anschein atheistisch und manchmal auch blasphemisch zu sein, da meist der Überchrist Ned Flanders Ziel des Homerschen Spotts ist. Dies kann allerdings nur für Gelegenheitsgucker gelten, deren Kritik auf fehlender Aufmerksamkeit beruht und damit selbst Anlass für Kritik bietet. Auf der anderen Seite sind die *Simpsons* aber auch nicht Pro-religiös, denn dafür nehmen sie sich des Themas zu modern und teilweise auch zu sarkastisch an. Dies allerdings verdeutlicht die wichtige Stellung dessen, was sarkastisch dargestellt wird.

Glauben ist für die *Simpsons* nichts Unerwünschtes. Die Serie unterstützt die Idee, dass „blind obedience to dogma and lack of awareness towards the self are undesirable qualities in modern western society."[272] Gerade, indem die Autoren die Institutionen Familie und Religion teilweise lächerlich machen, erkennen sie den Stellenwert an, den beide in der amerikanischen Gesellschaft einnehmen. Kaum eine andere Serie, ob nun animiert oder real, kann mit dieser substantiellen und fundierten Darstellung von gesellschaftsrelevanten Themen mithalten. Wobei sie aber kein Vorbild für die Gesellschaft sein wollen, sondern eher ein karikierendes, satirisches und auch überspitztes Abbild eben dieser. "The Simpsons [...] deconstructs the myth of the happy family wisely and miracu-

---

[272] Hall, James L.: *The Simpsons – Religious Dialogues in Prime-Time*, The *Simpsons* Archive <www.snpp.com/other/papers/jlh.paper.html> 24. November 2000 (wie gesehen am 10. August 2003).

lously leaves what is real and valuable about the myth unscathed."[273]

In *Lisa the Vegetarian* sagt Bart: „cartoons don't have messages [...] They're just a bunch of hilarious stuff you know, like people getting hurt and stuff, stuff like that." Als ihm dies 1995 in den Mund gelegt wurde, lässt sich mit Rückblick auf die Hanna-Barbera Zeit feststellen, dass er durchaus fast ausnahmslos Recht hatte. Diese Animationsserien waren eher kindisch und vermittelten kaum Werte. Dass er auf keinen Fall die *Simpsons* meinte, steht außer Frage und, aus heutiger Sicht betrachtet, konnte er natürlich auch nicht ahnen, welchen Einfluss die *Simpsons* auf die Animationsindustrie haben würde. Denn Serien, wie *South Park* oder *King of the Hill* mögen auf ihre Weise brachialer oder direkter sein, als es die *Simpsons* sind, doch auch ihnen liegt Sozial- und Gesellschaftskritik zugrunde. Die *Simpsons* nehmen sich verständnisvoll, aber vor Allem satirisch fast sämtlicher Aspekte des amerikanischen Lebens an, sein es nun gesellschaftliche, soziale, politische, familiäre oder religiöse Aspekte. Sie haben bewiesen, dass auch eine Animationsserie anspruchsvoll und lehrreich sein kann. Der Inhaltsreichtum scheint schier unerschöpflich oder, wie es der ehemalige Autor und ausführende Produzent der Serie, Bill Oakley, sagt: „I don't think there is anything or anyone we wouldn't make fun of."[274]

Die Serie, und da schließe ich mich Neumanns Meinung an, „offers a million moral massages, enough to instruct any child or even any adult attracted by the show's entertainment value." Sie vereint familiäre und religiöse Botschaften und stellt Aspekte moderner Spiritualität dar, aber am Ende zählt die Unterhaltung. Trotz der vielschichtigen Kritik an den Simpsons schreibt diese *nuclear family* seit ca. fünfzehn Jahren Fernsehgeschichte, und so tiefgehend manche Szene, mancher Dialog, ja sogar ganze Episoden auch sind, *Behind the Laughter* stecken immer auch einfach nur Lacher.

---

[273] McConnell, Frank: so zitiert in: Dalton, Lisle, Eric M. Mazur und Monica Siems: a. a. O., S. 241.
[274] So zitiert in: Satkin, Scott: The *Simpsons* as a religious Satire, The *Simpsons* Archive <www.snpp.com/other/papers/ss.paper.html> (wie gesehen am 20. August 2003).

Lacher über das eigene Leben, dass vielleicht nicht immer so schlecht ist, wie es einem manchmal erscheint. Mit den *Simpsons* lachen und weinen ist, was Groening sich wünscht. Das er und sein Team den aufmerksamen Zuschauer belohnen, ist vergleichbar mit dem wiederholten Lesen eines Buches, das immer wieder neue Geheimnisse lüftet. So kann dann wohl auch ein jeder, der die *Simpsons* mit gebührender Aufmerksamkeit, einem Sinn für Satire und Humor und vor Allem mit Genuss statt Apathie anschaut, Groening zustimmen, der in einem Interview sagte: „As bad as my life is, it isn't that bad."[275]

---

[275] Matt Greoning im Interview mit Duncan, Andrew: *Matt Groening – I'm an Incurable Neurotic*, Radio Times, 18.-24. September 1999, a. a. O.

7 Anhang – LISTE der wichtigsten CHARAKTERE

Familie Simpsons – der engere Kreis
Homer J. Simpson,
Marjorie "Marge" Simpson
Bartholomew J. "Bart" Simpson
Lisa Marie Simpson
Margaret "Maggie" Simpson
Snowball, *Katze der Simpsons, wurde überfahren.*
Snowball 2, *aktuelle Katze der Simpsons.*
Santa's Little Helper, *Hund der Simpsons.*
Princess, *Lisas Ponny für eine kurze Zeit.*
Stampy, *Barts Elefant für eine kurze Zeit.*
Snuffy, *Lisas Hamster der gestorben ist.*
Roy, *Kurzzeitsohn der Simpsons.*
Laddie, *Barts Hund für eine kurze Zeit.*
Mojo, *Homers Hilfsaffe für eine kurze Zeit.*
Pinchy, *Homers Lobster, den er verspeiste. Mmmh...Lobster!*
Furious D/Duncan, *Rennpferd der Simpsons. ...*
Familie Simpsons – der weitere Kreis
Abraham J. "Grampa" Simpson, *Homers Vater.*
Mona Simpson, *Homers Mutter.*
Patty and Selma Bouvier, *Marges ältere Zwillingsschwestern.*
Grandma Jackie Bouvier, *Marges Mutter.*
Grampa Bouvier, *Marges Vater.*
Uncle Hubert, *gestorben.*
Herbert Powell, *Homers reicher/armer Halbbruder.*
Cousin Frank, *Homers cousin.*
Gladys Bouvier, *Tante von Marge, Patty und Selma. ...*
Springfield Nuclear Power Plant (SNPP) – das Kernkraftwerk
Charles Montgomery "Monty" Burns, *der Boss.*
Waylon (J.) Smithers, *Mr. Burns schleimiger Rockzipfel.*
Lenny, *Kollege von Homer.*
Carl, *Kollege von Homer.*
Karl, *Homers perfekte(r) Sekretär(in) für kurze Zeit.*
Furious George, *Burns Affe. ...*
Springfield Schule
Seymour "Spanky" Skinner, *Direktor.*

Mrs. Edna Krabappel, *nikotinsüchtige Lehrerin.*
Otto Mann, *durchgeknallter Schulbusfahrer.*
Groundskeeper Willy, *schott. Bewacher der Grünanlagen.*
Mr. Dewey Largo, *Lisas Musiklehrer.*
Miss. Elizabeth Hoover, *Lisas Lehrer in der 2. Klasse.*
Mr. Schindler, *Kunstlehrer.* ...
Barts Schulfreunde, Freunde und Feinde
    Milhouse Van Houten, *Barts Blutsbruder und bester Freund.*
    Martin Prince, *Klassensprecher mit Gehirn.*
    Wendell Borton, *graugelockt und immer irgendwie krank.*
    Sherri and Terri, *Zwillinge.*
    Nelson Muntz, *ein Tyrann.*
    Lewis, *schwarz.*
    Richard, *gelb (hahaha) mit grauen Haaren.*
    Jimbo "Corky" Jones, *der Lange.*
    Kearney, *der Untersetzte.*
    Dolph, *der Kurze.*
    Grim Reaper, *Barts unsichtbarer Freund.*
    Samantha Stanky, *spaltete Bart und Millhouse für eine Weile.* ...
Lisas Schulfreunde, Freunde und Feinde
    Arguably, *Lisas beste Freundin.*
    Ralph Wiggum, *Sohn vom Polizeichef.*
    Chuck, *blonder Schulfreund.*
    Bleeding Gums Murphy, *Blues Saxophonespieler.*
    Ralph, *arbeitet in der öffentlichen Bibliothek.*
    Anya, *Brieffreundin.*
    Allison Taylor, *neue Mitschülerin.*
    Sara, *tyrannisch.* ...
Homers Freunde
    Barney Gumble, *biertrinkender bester Freund von Homer.*
    Larry, *Bargenosse.*
    Sam, *Bargenosse.*
    Gary, Doug, Benjamin, *Homers Strebertutoren.*
    Seth and Munchie, *Homer Hippiefreunde.* ...

Grampas Freunde
    Jasper, *weißbärtiger Altenheim-Mitbewohner.*
    Herman, *einarmiger Besitzer des Armeeladens.*

Beatrice "Bea" Simmons, *Freundin, die nach ihrem Tod viel geld an Grampa vererbt hat. ($ 106.000)*
Mrs. Spencer, *die Frau, die Thanksgiving nicht von ihrer Familie vergessen wurde. (im A-Heim)*
Cornelius Talmadge, *Altenheim-Mitbewohner. ...*

Die Nachbarn
Ned Flanders, *wohnt nebenan.*
Maude Flanders, *Neds Frau, die stirbt.*
Todd Flanders, *Sohn.*
Rod Flanders, *anderer Sohn.*
Hans Moleman, *maulwurfähnlicher Mitbürger.*
Apu Nahasapeemapetilon, *Besitzer des Kwik-E-Mart.*
Manjula Nahasapeemapetilon, *Apus Frau.*
Kirk Van Houten, *Vater von Milhouse.*
Luann Van Houten, *Mutter von Milhouse.*
Nana Van Houten, *Großmutter von Milhouse.*
Grandpa Van Houten, *Großvater von Milhouse.*
Sarah Wiggum, *Frau von Polizeichef Wiggum.*
Agnes, *Mutter von Skinner (uralt).*
Jessica Lovejoy, *Tochter von Lovejoy.*
Mrs. Burns, *Mutter von Burns, sie ist 122 Jahre alt. ...*

Springfield Civil Servants
Jebediah Obadiah Zachariah Jedediah Springfield, *Gründer der Stadt Springfield.*
Chief "Clancy" Wiggum, *Polizeichef.*
Diamond Joe Quimby, *korrupter Bürgermeister.*
Judge Multon, *Richter im Fall Bart vs. Burns.*
Mrs. Norton, *Bibliothekarin.*
Eddie and Lou, *zwei der besten Springfielder. ...*

Kinderfernsehen
Krusty der Klown, *Herschel Shmoikel Krustofsky*
Sideshow Bob, *vormals Gehilfe von Krusty dem Klown.*
Sideshow Mel, *aktueller Gehilfe von Krusty dem Klown.*
Gina Ballerina, *sieht man öfter.*
Mr. Teeny, *Zigarrerauchender Schimpanse von Krusty.*
Itchy and Scratchy, *äußerst gewalttätige Katz und Maus Zeichentrickserie, die während Krustys Show läuft.*
Roger Meyers, *Präsident von Itchy und Scratchy, Int. ...*

Die Medien

 Kent Brockman, *Emmygewinner, Nachrichtensprecher auf Kanal 6. ...*
Religion
 Rev. Timothy Lovejoy, *Pastor der First Church of Springfield.*
 Helen Lovejoy, *seine Frau.*
 Miss Albright, *Lehrerin der Sonntagsschule.*
 Mrs. Feesh, *Orgelspieler.*
 Rabbi Hyman Krustofsky, *Vater von Krusty. ...*
andere Fernsehpersönlichkeiten
 Troy McClure, *Ex-Schauspieler. ...*

8 Bibliographie

BÜCHER

---, *The Holy Bible*, P. J. Kenedy & Sons, New York 1950.
---, *Die Bibel – Altes und Neues Testament*, Herder – Katholische Bibelanstalt, Stuttgart 1980.
Cantor, Paul A.: *Gilligan Unbound – Popular Culture in the Age of Globalization*, Rowman & Littlefield, Lanham und Oxford, 2003.
Eco, Umberto: *Apokalyrtiker und Integrierte – Zur kritischen Kritik der Massenkultur*, Fischer, Frankfurt 1994.
Erickson, Hal: *Televison Cartoon Shows – An Illustrated Encyclopedia, 1949 through 1993*, Mcfarland & Company, Jefferson, NC und London 1995.
Freese, Peter, Michael Porsche: *Popular Culture in the United States*, Die Blaue Eule, Essen 1994.
Gerani, Gary: *Fantastic Television*, Harmony Books, New York 1977.
Gimple, Scott M. (Hrsg) : *The Simpsons Forever! – A Complete Guide to our Favorite Family ...Continued*, HarperPerennial, New York 1999.
Gruteser, Michael, Andreas Rauscher, Thomas Klein: *Subversion zur Primtime – Die Simpsons und die Mythen der Gesellschaft*, Schueren Verlag, Marburg 2002.
Harris, Marvin: *Kulturanthropologie*, Campus, New York 1989.
Hartges, Marcel, Martin Lüdke, Detlef Schmidt (Hrsg.): *Pop, Technik, Poesie – Die nächste Generation*, Literaturmagazin No 37, Rowohlt, Reinbeck 1996.
Irwin, William, Mark T. Conard, Aeon J. Skoble: *The Simpsons und Philosophy – The D'oh of Homer*, Open Court, Chicago 2001.
Lenburg, Jeff: *The Encyclopedia of Animated Cartoons*, Checkmark Books, New York 1999.
McCann, Jesse L. (Hrsg): *The Simpsons Beyond Forever! – A Complete Guide to our Favorite Family ...Still Continued*, Perennial, New York 2002.
Newman, David M.: *Sociology of Families*, Pine Forge Press, Thousand Oaks – London – New Delhi 1999.
Nowell-Smith, Geoffrey: *Geschichte des Internationalen Films*, J. B. Metzler, Stuttgart – Weimar 1998.

Pilling, Jayne: *A Reader in Animation Studies*, John Libbey & Company Pty Ltd, Sydney 1997.
Pinsky, Mark I.: *The Gospel According to The Simpsons*, Westminster John Knox Press, Louisville – London 2001.
Richmond, Ray (Hrsg): *The Simpsons – A Complete Guide to our Favorite Family*, HarperPerennial, New York 1997.
Romanowski, William D.: *Pop Culture Wars – Religion and the Role of Entertainment in Amerikan Life*, InterVarsity Press, Downers Grove 1996.
Romanowski, William D.: *Eyes Wide Open – Looking for God in Popular Culture*, Brazos Press, Grand Rapids 2001.
Schultze, Quentin J., Roy M. Anker, James D. Bratt u.a.: *Dancing in the Dark – Youth, Popular Culture, and the Electronic Media*, W.B.Eerdmans Publishing Co., Grand Rapids 1993.
Stabile, Carol A., Mark Harrison (Hrsg.): *Prime Time Animation – Television animation and American Culture*, Routledge, London – New York 2003.
Wasko, Janet: *Understanding Disney – The Manufacture of Fantasy*, Polity Press, Cambridge 2001.
Wells, Paul: *Understanding Animation*, Routledge, London und New York 1998.
Wells, Paul: *Animation in America*: Rutgers University Press, New Brunswick 2002.

ARTIKEL

Alonso, Alejandro: *Proposition 187*, University of Southern California 1996, <www.soyboricua.com/alonso/Academic/187.html> (wie gesehen am 16. Dez. 2003).
Bowler, Garry: *God and The Simpsons – The Religious Life of an Animated Sitcom*, eine wissenschaftliche Arbeit, die während des Seminars: *The Media and Family Values* im Oktober 1996 präsentiert wurde. Siehe <www.snpp.com/other/papers/gb.papers.html> (wie gesehen am 19. Oktober 2003).
Friebe, Holm: *Philosophen in Gelb*, Jungle World, Wochenzeitschrift, Nr. 32, 1997.
Frost, Michael: *Discourse Stu Likes Discourse Theory*, University of Sydney, 2001, In: The Simpsons Archive <www.snpp.com/other/papers/mf2.paper.html> (wie gesehen am 12. Dez. 2003).

Glynn, Kevin: *Bartmania – The Social Reception of an Unruly Image*, Camera Obscura, Nr. 38, Mai 1996, S.60-90.
Jetzt-Magazin: *Interview mit Matt Groening*, Süddeutschen Zeitung, 4 September 2000.
Kisken, Tom: *The Gospel of Homer – Sarcastic Cartoon Show is not without its Spiritual Moments*, Ventura Country Star, 04. September 1999.
Lewis, Todd V.: *Religious Rhetoric and the Comic Frame in The Simpsons*. Journal of Media & Religion; Vol. 1, 2001.
MacGregor, Jeff: *More than Sight Gags and Subversive Satire*, Review – New York Times, 20. Juni 1999.
Mullin, Brett: *The Simpsons – American Satire*, <www.snpp.com/other/papers/bm. papers.html> (wie gesehen am 23.12.2003).
Oswald, Laura: *Branding the American Family: A Strategic Study of the Culture, Composition, and Consumer Behavior of Families in the New Millenium*, In: Journal of Popular Culture, Ausgabe 37, Herbst 2003.
Paakkinen, Jouni: *A Brief Hstory of The Simpsons*, Fox 61 <www.snpp.com/other/articles/briefhistory.html>, 1998.
Paul, Alan: *Life in Hell* – Interview mit Matt Groening, Flux Magazine, Nr. 6, 30.09.1995.
Peterson, Brian: *And on the Seventh Day Matt Created Bart*, Loaded Magazine Artikel, August 1996.
Rhodes, Joe: *Flash! 24 Simpsons Stars Reveal Themselves*, TV-Guide, 21. Oktober 2000, In: The Simpsons Archive <www.snpp.com/other/artcles/flash.html>.

INTERNET

The Simpsons Archive: www.snpp.com
                              www.snpp.com/guides/castlist.html

EPISODEN

The *Simpsons*: Episode 1 – *Simpsons* Roasting on an Open Fire 17.12.1989 (Episode 1 – Es weihnachtet schwer 06.12.1991).
The *Simpsons*: Episode 4 – There's No Disgrace Like Home 28.01.1990 (Episode 1 – Eine ganz normale Familie 13.09.1991).
The *Simpsons*: Episode 6 – Moaning Lisa 11.29.1990 (Episode 4 – Lisa bläst Trübsal 04.10.1991).

The *Simpsons*: Episode 8 – The Telltale Head 25.02.1990 (Episode 8 – Bart köpft Ober-Haupt 08.11.1991).
The *Simpsons*: Episode 9 – Life on the Fast Lane (Jacques to be Wild) 18.03.1990 (Episode 6 – Der schöne Jacques 18.11.1991).
The *Simpsons*: Episode 12 – Krusty Gets busted 29.04.1990 (Episode 9 – Der Clown mit der Biedermaske 15.11.1991).
The *Simpsons*: Episode 14 – Bart Gets an F 11.10.1990 (Episode 14 – Der Musterschüler 20.12.1991).
The *Simpsons*: Episode 15 – Homer and Delilah 18.10.1990 (Episode 16 – Karriere mit Köpfchen 10.0.1992).
The *Simpsons*: Episode 17 – Two Cars in Every Garage, Three Eyes on Every Fish 01.11.1990 (Episode 18 Frische Fische mit drei Augen 24.01.1992).
The *Simpsons*: Episode 20 – Bart vs. Thanksgiving 22.11.1990 (Episode 21 – Bart bleibt hart 14.02.1992).
The *Simpsons*: Episode 24 – One Fish, Two Fish, Blowfish, Blue Fish 24.01.1991 (Episode 24 – Die 24-Stunden-Frist 13.03.1992).
The *Simpsons*: Episode 26 – Homer vs. Lisa and the 8th Commandment 07.02.1991 (Episode 26 – Das achte Gebot 27.03.1992).
The *Simpsons*: Episode 37 – Mr. Lisa goes to Washington 26.09.1991 (Episode 39 Einmal Washington und zurück 12.01.1993).
The *Simpsons*: Episode 43 – Lisa's Pony 07.11.91 (Episode 43 – Lisas Pony 19.01.93).
The *Simpsons*: Episode 47 – I Married Marge 07.02.1991 (Episode 49 – Blick zurück aufs Eheglück 28.01.1993).
The *Simpsons*: Episode 59 – Brother, can you spare two Dimes 27.08.92 (Episode 58 – Der vermisste Halbbruder 07.04.94).
The *Simpsons*: Episode 62 – Homer the Heretic 08.10.1992 (Episode 62 – Ein gotteslästerliches Leben 21.04.1994).
The *Simpsons*: Episode 64 – Treehouse of Horror III 29.10.1992 (Episode 65 Bösartige Spiele 12.05.1994).
The *Simpsons*: Episode 73 – Brother from the same Planet 04.02.93 (Episode 72 Großer Bruder – Kleiner Bruder 17.07.94).
The *Simpsons*: Episode 94 – Homer and Apu 10.02.1994 (Episode 91 – Apu der Inder 06.05.1995).
The *Simpsons*: Episode 95 – Lisa vs. Malibu Stacy 17.02.1994 (Episode 92 – Lisa kontra Malibu Stacy 13.05.1995).
The *Simpsons*: Episode 97 – Homer Loves Flanders 17.03.1994 (Episode 94 – Homie und Neddie 21.04.1994).

The *Simpsons*: Episode 102 – Lady Bouvier's Lover 12.05.1994 (Episode 99 – Liebhaber der Lady B. 01.07.1995).
The *Simpsons*: Episode 103 – Secrets of a successful Mariage 19.05.1994 (Episode 100 – Ehegeheimnisse 08.07.1995).
The *Simpsons*: Episode 106 – Another *Simpsons* Clip Show 25.09.1994 (Episode 103 Romantik ist überall 29.07.1995).
The *Simpsons*: Episode 110 – Bart's Girlfriend 06.11.1994 (Episode 106 – Barts Freundin 19.08.1995).
The *Simpsons*: Episode 117 – Bart's Comet 05.02.1995 (Episode 113 – Barts Komet 15.10.1995).
The *Simpsons*: Episode 131 – Home Sweet Home-Diddily-Dum-Doodily 01.10.1995 (Episode 128 – Bei *Simpsons* stimmt was nicht! 06.11.1996).
The *Simpsons*: Episode 133 – Lisa the Vegetarian 15.10.1995 (Episode 130 – Lisa als Vegetarierin 08.11.1996).
The *Simpsons*: Episode 139 – Marge be not Proud 17.12.1995 (Episode 134 – Das schwarze Schaf 14.11.1996).
The *Simpsons*: Episode 141 – Two Bad Neighbors 14.01.1996 (Episode 136 – Die bösen Nachbarn 18.11.1996).
The *Simpsons*: Episode 144 – Lisa the Iconoclast 18.02.1996 (Episode 139 – Das geheime Bekenntnis 21.11.1996).
The *Simpsons*: Episode 151 – Much Apu About Nothing 05.05.1996 (Episode 146 – Volksabstimmung in Springfield 02.12.1996).
The *Simpsons*: Episode 152 – Homerpalooza 19.05.1996 (Episode 147 – Homer auf Tournee 03.12.1996).
The *Simpsons*: Episode 164 – The Twisted World of Marge Simpson 19.01.1997 (Episode 160 – Marge und das Brezelbacken 06.11.1997).
The *Simpsons*: Episode 166 – Simpsoncalifragilisticexpiala–D'oh–cious 07.02.1997 (Episode 185 – Das magische Kindermädchen 21.10.1998).
The *Simpsons*: Episode 175 – In Marge we Trust 27.04.1997 (Episode 170 – Marge als Seelsorgerin 20.11.1997).
The *Simpsons*: Episode 181 – Lisa's Sax 19.10.1997 (Episode 177 – Die Saxophon-Geschichte 09.10.1998).
The *Simpsons*: Episode 188 – Miracle on Evergreen Terrace 21.12.1997 (Episode 184 – Die Lieblings-Unglücksfamilie 20.10.1998).
The *Simpsons*: Episode 218 – Marge Simpson in: Screaming Yellow Honkers 21.02.1999 (Episode 212 – Marge Simpson im Anmarsch 01.12.1999).
The *Simpsons*: Episode 240 – Alone Again Natura-Diddily 13.02.2000 (Episode 240 – Ned Flanders: Wieder allein 27.11.2000).

The *Simpsons*: Episode 248 – Behind the Laughter 21.05.00 (Episode 248 – Hinter den Lachern 12.02.01).
The *Simpsons*: Episode 252 – Lisa the Tree Hugger 19.11.2000 (Episode 251 – Lisa als Baumliebhaberin 08.10.2001).
The *Simpsons*: Episode 260 – Tennis the Menace 11.02.2001 (Episode - -- Tennis mit Venus 10.12.2001).
The *Simpsons*: Episode 275 – She of little Faith 16.12.2001 (Episode 274 – Allein ihr fehlt der Glaube --.--.2002).

Life is Hell!

D'oh!

www.ingramcontent.com/pod-product-compliance
Lightning Source LLC
Chambersburg PA
CBHW030828230426
43667CB00008B/1433